Ursula Wagner

Blicke auf den dicken Körper

Gegen die Unterwerfung unter die Schönheitsnorm

Brandes & Apsel

Auf Wunsch informieren wir regelmäßig über das Verlagsprogramm.
Eine Postkarte an den Brandes & Apsel Verlag, Nassauer Str. 1-3,
D–6000 Frankfurt a. M. 50, genügt.

CIP-Titelaufnahme der Deutschen Bibliothek

Wagner, Ursula:
Blicke auf den dicken Körper : gegen die Unterwerfung unter
die Schönheitsnorm / Ursula Wagner. - Frankfurt (Main) :
Brandes u. Apsel, 1989
(Wissen & Praxis ; 22)
ISBN 3-925798-42-0
NE: GT

wissen & praxis 22

Umschlaggestaltung: Volkhard Brandes, Frankfurt a. M.
Umschlagabbildung: PICASSO, PABLO. Le repos du sculpteur, I

Druck: F. M. Druck, 6367 Karben 2

ISBN 3-925798-42-0

Inhalt

Gibt es den dicken Körper?

Den dicken Körper gibt es. Sichtbar, spürbar, erkennbar. *»Der ist dick!« – »Die ist dick!« – »Ich bin dick!«*

Diese Sätze gebraucht fast jeder/jede, ohne besonders nachzudenken. Sie haben nicht mehr Aussagewert als: «Der ist groß.« Es fehlt ihnen der Maßstab. Trotzdem ist es völlig gebräuchlich, zu sagen oder zu denken: »Die ist *zu* dick!« Und als einzige Erklärung wird vielleicht gegeben: »Das sieht man doch!«

Doch im Gegenteil, man sieht es nicht. Denn *dick* ist keine definierte Eigenschaft, sondern ein Kürzel, das in verschiedenen sozialen Zusammenhängen mit unterschiedlichsten Bedeutungen belegt wird. Ich kann nur sehen, ob jemand Kleidergröße 36 oder 46 trägt, doch das ist eine andere Geschichte.

Der dicke Körper ist nicht mit der Waage, nicht mit dem Maßband und nicht durch Hautfaltenmessungen zu erfassen. Nicht nur lesen sich die Diskussionen der *Fachleute* um die Nützlichkeit der tausend verschiedenen Indizes und Formeln in ihrem simplen Glauben an die Meßbarkeit wie kabarettistische Einlagen, sondern vor allem können solche Berechnungen und Maßstäbe beim besten Willen dem dicken Menschen nicht gerecht werden.

Es gibt eine Fülle von mathematischen Formeln, mit deren Hilfe aus dem Verhältnis von Körpergröße und -gewicht ein Maß für Norm und Abweichung gewonnen werden kann. Nur durch die Einfachheit der Berechnung zeichnet sich die Formel von Broca aus, die den meisten Gewichtstabellen, die sich in Diätratgebern, Illustrierten, Taschenkalendern und Ähnlichem finden, zugrundeliegt: Körpergewicht in Zentimeter minus 100 = Normalgewicht.

Doch genauer betrachtet hat diese Formel eine Geschichte, die sie als völlig unsinnig im Hinblick auf ihre heutige Verwendung entlarvt: Paul Broca untersuchte im 19. Jahrhundert Gewicht und Größe französischer Männer. Er stellte eine regionale Verteilung von größeren, schwereren und kleineren, magereren Männern fest. Er glaubte, einen Rassenunterschied zu entdecken. Seine Forschungen sollten die Politik der Militärrekrutierung beeinflussen. Damals mußten nämlich Männer, die kleiner als 1,56 Meter waren, nicht zum Militär und konnten sich währenddessen ungehindert vermehren. Er befürchtete ein Anwachsen der kleinwüchsigen Rasse, die er für minderwertig hielt. Die Vermutung, daß er Erscheinungsformen des Klassenunterschieds zwischen wirtschaftlich gut- und unterversorgten Gebieten entdeckt haben könnte, kam Broca nicht. Nach seinen Forschungen, also dem Material einer rassistischen Untersuchung, wird noch heute üblicherweise das Normalgewicht des erwachsenen Körpers bestimmt. (zur Nieden, S.69)

Die Modifizierung der Formel für das Idealgewicht (derzeit für Männer: Brocagewicht minus 10%, für Frauen: minus 15%) basiert dagegen auf einer kapitalistischen Studie: Ein amerikanischer Lebensversicherungskonzern konstatierte die höchste Lebenserwartung bei Leuten mit einem Gewicht, das 6-10% unter dem Normalgewicht lag.

Nur ist die Objektivität dieses Ergebnisses zu bezweifeln. Man kann annehmen, daß finanzielles Interesse dahintersteckt, daß also das Anheben der Gebühren bei den schlagartig angewachsenen Risikogruppen sehr lukrativ zu sein versprach. Andere Zweifel sind angebracht bei der Repräsentativität der Stichprobe. Ob Lebensversicherungskunden eine vielschichtige Gesellschaft repräsentieren können, erscheint mir sehr fragwürdig. Aber das ist ein generelles Problem bei allen Stichprobenverfahren, die ich in diesem Kontext eingesehen habe. Außerdem, aber nur am Rande, sei gefragt, ob höhere Lebenserwartung denn wirklich als Hauptkriterium zur Bewertung des Lebens tauglich sein kann?

Doch auch wer die Bedenken gegen diese Formeln vom Tisch wischt, wird nicht umhin kommen, ihre grandiose Nutzlosigkeit feststellen zu müssen. Daß der Begriff des dicken Körpers in Bedeutung und Wertigkeit größten historischen Schwankungen unterliegt, ist allgemein bekannt, daß sich auch hier und heute gravierende Unterschiede je nach sozialer Schichtzugehörigkeit ausmachen lassen, vielleicht weniger. Doch dem, der seinem Körper abschätzend begegnet, hilft das alles wenig. Gefühle binden sich nur selten an Zahlen und *»objektive«* Kriterien.

Stuart und Davis haben drei Selbstdiagnose-Verfahren entwikkelt: »Spiegeltest: Selbstbeurteilung, ob der eigene Körper ›fett‹ aussieht, wenn man sich nackt vor dem Spiegel sieht.

Twist-Test: Sich unbekleidet vor einem Spiegel heftig bewegen und drehen (›twisten‹). Dabei beobachten, ob die Bewegungen des Fettgewebes simultan zum tieferliegenden Gewebe sind.

Lineal-Test: Im Liegen ein Lineal vom Brustkorb zum Becken legen und feststellen, ob sich hier eine konkave oder konvexe Verbindungslinie ergibt.« (Pudel 1978, S.18)

Ich wehre mich heftig gegen solche Vorschläge, nicht weil sich die konkave oder konvexe Linie etwa nicht feststellen ließe, sondern weil sie ein gefährlich eingeschränktes Bild vom Menschen und seinem Körper transportieren. Es wird darin nahegelegt, den Körper als Ding zu betrachten, ihn nach bestimmten Richtlinien zu überprüfen, ihn mit Mitteln und Methoden zu traktieren, ihn zu behandeln wie einen Gebrauchsgegenstand. Ich verlange nicht, daß jeder aus seinem Körper ein Heiligtum zu machen hat, aber ich behaupte, daß sich der Körper überhaupt nicht in der Weise behandeln läßt, weil nicht mein Kopf über meinen Körper entscheiden und ihm Kuren verordnen kann, weil mein Kopf und mein Körper nicht so voneinander getrennt sind, wie mich manche Leute, vor allem Mediziner, glauben machen wollen. Dieses Thema wird mich später noch ausführlicher beschäftigen.

Ich rede oft unbekümmert vom dicken Körper statt konsequent vom dicken Menschen. Natürlich sehe ich Dicksein nicht nur als organisches Phänomen, sondern als einen Ausdruck des ganzen Menschen, denn in den seltensten Fällen ist nur der Körper dick aufgrund rein physiologischer Ursachen. Es ist der dicke Mensch mit sämtlichen Aspekten seiner Person, der Zugang zu dem Problem ermöglicht. Doch gesehen wird in erster Linie der Körper. Deshalb verwende ich den Begriff Körper, wenn es um die sinnliche Wahrnehmung geht, und setze voraus, daß hinter diesem Ausdrucksmedium Körper der Mensch mitgesehen wird.

Statistiken kümmern sich meist nur um den Körper als eine Relation von Größe, Gewicht und vielleicht noch Alter. Nach der *Hessen-Studie* von 1975 haben 47% der Männer und 55% der Frauen Übergewicht. Das *Schwäbische Tagblatt* zitiert am 27. Juni 1986 eine Untersuchung im Auftrag eines Bundesministeriums, nach der über 60% von 250 000 untersuchten deutschen Männern übergewichtig sind. Das ist nur eine Auswahl von verschiedensten Zahlen aus verschiedenen Untersuchungen. Meist sind die Stichproben extrem fraglich. Eine Studie über Selbst- und Fremdbild der Dicken untersucht beispielsweise nur Patienten, die sich gerade einer stationären Nulldiät unterziehen! (Hedderich, Weidlich)

Die verwendeten Richtlinien sind unterschiedlich (zwischen 10 und 20% über dem Normalgewicht) oder nicht exakt genannt, also sind die Daten auch kaum vergleichbar. Ich verstehe sie als Auswüchse einer medizinisch-gesundheitspolitischen Subkultur, die nicht geeignet sind, Aufschlüsse über Menschen in komplexen Lebenszusammenhängen zu geben.

Wichtig in diesem Kontext hingegen ist das Ergebnis einer Umfrage der Zeitschrift *Psychologie heute*: Über die Hälfte der befragten Leser gab an, aktuelle Probleme mit dem Körper zu haben. Davon hatte der größte Teil Gewichtsprobleme, hauptsächlich die Zunahme an Gewicht. Bei anderen Fragen zur Selbsteinschätzung und -beurteilung äußerten die Befragten allerdings große Zufriedenheit mit dem eigenen Körper. (Mrazek)

Der Schluß liegt nahe, daß es zum normalen, d.h. als normal empfundenen Selbstbild gehört, Probleme mit dem Körper zu haben, vielleicht, daß Zufriedenheit erst auf der Basis einer bestimmten Zwangslage, die uns verpflichtet, dem Körper Aufmerksamkeit zu schenken, möglich ist. Doch mit diesen Vermutungen will ich nichts verharmlosen. Probleme mit dem Dicksein sind Probleme und als solche ernstzunehmen. Und der Grad der Auswirkungen auf Leben und Einstellungen des Einzelnen ist höchst individuell, wandelbar und nur begrenzt zu verallgemeinern.

Susie Orbach gibt eine Liste von Kriterien für das Dicksein an, die aber auch nicht als Checkliste zum Abhaken zu verstehen ist, sondern eher als Denk-, Erinnerungs- und Assoziationshilfe, um die ersten prinzipiellen Aspekte des Problems wahrnehmen zu können:

»Dicksein heißt, in die U-Bahn einsteigen und nicht wissen, ob du auf den freigewordenen Sitzplatz paßt.

Dicksein heißt, daß du dich mit allen Frauen vergleichst und nach denen Ausschau hältst, deren Fett dich beruhigen kann.

Dicksein heißt, daß du ständig unternehmungslustig und gutgelaunt bist, damit du deine angeblichen Schwächen wettmachst.

Dicksein heißt, daß du Einladungen zum Schwimmen oder zum Tanzengehen ablehnst.

Dicksein heißt, daß du an der modernen Massenkultur nicht teilhaben kannst, von Mode, Sport und Freizeitbeschäftigungen ausgeschlossen bist.

Dicksein bedeutet, daß du selbst und deine Freunde ständig in Verlegenheit gebracht werden.

Dicksein heißt, daß du dich unwohl zu fühlen beginnst, wenn jemand mit einem Fotoapparat auftaucht.

Dicksein heißt, daß du dich deiner Existenz schämst.

Dicksein heißt, daß du mit dem Leben warten mußt, bis du schlank bist.

Dicksein heißt, daß du anspruchslos bist und keine Bedürfnisse hast.

Dicksein heißt, daß du ständig versuchst, abzunehmen.

Dicksein heißt, daß die Bedürfnisse anderer wichtiger sind als deine eigenen.

Dicksein bedeutet, daß du niemals nein sagen kannst.

Dicksein heißt, daß du für jedes Versagen eine Entschuldigung hast.

Dicksein heißt, immer ein wenig anders zu sein.

Dicksein bedeutet, daß du auf den Mann wartest, der dich trotzdem liebt, den Mann, der sich durch alle deine Schichten seinen Weg zu dir bahnt.

Dicksein heißt heutzutage, daß dir deine Freundinnen die Erkenntnis anvertrauen: ›Männer sind gar nicht das Wahre‹, ehe du überhaupt die Möglichkeit hattest, das selber herauszufinden.

Eine dicke Frau möchte sich verstecken. Paradoxerweise ist es ihr Los im Leben, daß sie dauernd auffällt.« (Orbach 1984, S.34)

Aber noch einmal betone ich: Dicksein ist ein willkürlicher Begriff!

Ich kann behaupten, in Wien gibt es mehr dicke Leute als in Tübingen. Obwohl ich sie nie gezählt habe, keine Statistiken kenne und mir meiner Maßstäbe überhaupt nicht richtig bewußt bin. Und ich bin kein Sonderfall; das muß ich nicht beweisen. Obwohl meine automatischen Wertungen und Vorurteile durch die Arbeit an diesem Thema schwerwiegend erschüttert worden sind, habe ich die Fähigkeit, wahrscheinlich durch die Unterschiede und Ähnlichkeiten anderer Menschen zu meinem eigenen Körper und Körpergefühl, klipp und klar und ohne lange Überlegungen solche Wahrnehmungen zu machen und zu formulieren.

Und das widerspricht keineswegs dem, was ich zu Beginn über die Unmöglichkeit, das Dicksein eindeutig festzustellen, gesagt habe.

Ich bleibe dabei: *Dick* ist keine exakt definierte Eigenschaft, obwohl der Begriff zur Beschreibung des eigenen oder fremden Körpers oder Körperbildes jederzeit zur Verfügung steht. Aber genau in dieser automatischen Verwendung eines nicht definierten Begriffs liegt die Spannung.

Ich bin kein Sonderfall. Das ist überhaupt der Ausgangspunkt für diese Arbeit. Ich war, seit ich 15 war, zu dick, und habe in wechselnder Intensität mit diesem Schicksal, das manchmal sichtbar und manchmal nur in meiner Vorstellung existierte, gehadert. Nicht zufällig beschäftigt sich ein Kapitel mit populärwissenschaftlichen Büchern, die den geplagten Körper traktieren. Zu einem guten Teil ist das auch eine persönliche Abrechnung.

Je näher ich diesem Thema gekommen bin, umso mehr hat sich der Schwerpunkt verschoben: weg von mir und weg vom dicken Körper, hin zur Betrachtung des Körpers schlechthin. Diese Entwicklung, die in der Unterschiedlichkeit der Kapitel ihren Niederschlag findet, ist eine der wesentlichsten Erkenntnisse: Antworten auf die Frage nach dem Körper in seiner individuellen und sozialen Bedeutung erhellen den dicken Körper als eine seiner möglichen und aus bestimmten Gründen notwendigen Ausprägungen. Die Frage nach dem dicken Körer allein hingegen erhellt nichts.

Weil er ein Körper unter vielen ist, die alle zusammen ein Bild ergeben. Weil er nie seine inneren Notwendigkeiten und Gesetze preisgibt, wenn ich ihn aus der Gesellschaft der anderen Körper löse und vereinzele. Weil der dicke Körper ein über soziale und psychische Zusammenhänge erzeugtes Produkt unserer Lebensweise ist. Weil wir uns auf kulturell bestimmte Art und Weise in und mit unseren Körpern verhalten und der dicke Körper nur ein Teil des gesamten sozialen Ausdrucksspektrums ist. Weil der dicke Körper nur scheinbar ein Sonderfall ist.

Ich habe beim Lesen der Bücher und beim Grübeln über diesen und anderen Gedanken zehn Kilo abgenommen. Ich bin nicht mehr dick, nicht nach Brocagewicht und nicht nach psychologischen Maßstäben. Seither schwöre ich auf Susie Orbach und hasse Diät-Apostel. Und ich betrachte mich als Beweis für die primär psychische Bedingtheit von Gewichtsproblemen, denn ich habe keinen einzigen Tag gefastet, sondern nur nachgedacht und nachgefühlt.

Ich habe auf einmal den Mut gehabt, hinter meine eigene Fassade zu schauen und Gründe für meinen unbefriedigenden Umgang mit Essen erkannt. Ich habe mein Selbstbild vom Zwang zur Idealfigur gelöst und die Schwierigkeiten in sozialen Beziehungen von meinem Eßverhalten. Ich habe gelernt, mich und meinen Körper auch und gerade abseits der Norm zu akzeptieren. Dünn zu werden war auf einmal nicht mehr das notwendige Lebensziel, sondern die Individualität von Körper und Person anzunehmen und auch gegen gesellschaftliche Diktate zum Ausdruck zu bringen.

Die persönliche Erfahrung von jahrelangem Dicksein hat natürlich meinen Blick auf das Problem nachhaltig beeinflußt.

Auf das Thema zumarschiert bin ich zu allererst mit der Frage nach den Vorurteilen und Zuschreibungen, die den dicken Körper treffen. Ich wollte eine Art Charakterbild des Dicken, wie es sich in den Zuschreibungen des dicken Körpers zeigt, entwerfen und dann all die Lügen darin entlarven, anprangern, die Zufälligkeit, Falschheit und Ungerechtigkeit von Vorurteilen aufzeigen. Mittlerweile bin ich überzeugt, daß diese Fragestellung sehr direkt aus meinem persönlichen Problem entstanden ist. Aber nicht das ist der Grund, warum ich diese *Charakterbild der Dicken* nicht geschrieben habe, sondern vielmehr: Mir ist klar geworden, daß es da keine Antwort geben kann, daß die Willkür der Vorurteile jedes vorstellbare Maß übersteigt. Selbst wenn ich die Gesellschaft in kleinste Teile zerlegen könnte, um sozialen, regionalen, kulturellen, geschlechts- und altersspezifischen und sonstigen Unterschieden gerecht zu werden, wenn ich sämtliche Variationsmöglichkeiten bei Beobachter und Beobachtetem berücksichtigen wollte, selbst wenn es mir möglich sein sollte, sämtliche denkbaren Bedingungen von Wahrnehmung zu erfassen, dann könnte ich noch immer nicht den Fall konstruieren, in dem eine Person eindeutig und vorhersehbar sich selbst oder jemand anderen dick nennt und diesem Dicksein z.B. Häßlichkeit oder Dummheit zuschreibt. Genausogut könnte es Erotik, Freundlichkeit und Geschäftstüchtigkeit sein. Die Beliebigkeit dieser Attribute läßt sie nur bei allergrößter Oberflächlichkeit zu einem einheitlichen Charakterbild zusammenfügen. Aber das sind nur Beispiele, und ich habe nicht vor, sie zu beweisen, weil ich es für unmöglich und sowieso belanglos halte. Denn, wie schon erklärt, der Blick auf den Körper, seine individuelle und gesellschaftliche Gestalt, das heißt, das Betrachten jener Zusammenhänge, in denen der Körper auf spezifische Weise bedeutsam ist, in denen er als dicker Körper Bedeutungen übertragen bekommt, ist ergiebiger.

Um diesen Blick in einen praktikablen Ausschnitt zu lenken, habe ich mich auf den deutschsprachigen Raum der Gegenwart beschränkt. Das legt bestimmte Quellen und Umgangsweisen nahe. Ganz bewußt habe ich mein erstes Kapitel mit populärwissenschaftlicher Literatur, also mit Streifzügen durch Buchläden und die Stadtbücherei, begonnen. Ich wollte den Wissensstand derjenigen erreichen, die ohne wissenschaftliche Aufgabe an das Thema herangehen, meist weil ihr Körper bzw. das Bild, das sie sich davon machen, ihnen selbst Probleme bereitet. Es war mir wichtig, in diese Berge Ordnung zu bringen, zu sortieren nach richtigen und falschen, hilfreichen und unnützen Erklärungen und Programmen, nach emanzipatorischen und solchen, die gesellschaftliche Mißstände zementieren.

Mein Interesse lag eindeutig bei der Bewertung der populären Theorien zum Dicksein. Aber nicht nur: Die Meinungen, die diese Bücher vertreten, korrelieren mit öffentlichen, allgemeinen, oft unbewußten Meinungen, wobei nicht klar ist, ob sie sie aufgreifen oder anregen. Jedenfalls sind Vorurteile, die sich im Umgang mit dicken Menschen auswirken, nicht ohne Beziehung zu verschiedenen Theorien über das Dicksein. Kein einziges Buch enthält nur Diätanweisungen. Ob explizit oder nicht, alle vertreten Anschauungen über das Entstehen des Übergewichts, das Dicksein und das Abnehmen. Ob von Schicksal oder Schuld am Dickwerden die Rede ist, ob erfolgreiches Abnehmen von Wundermitteln oder von Willensstärke abhängt, ob der Dicke ein abschreckendes Monstrum oder eine bemitleidenswerte Kreatur ist, solche Aussagen stecken in jedem Kalorienplan, jeder Gewichtstabelle und stehen selbstverständlich im Zusammenhang mit Verhaltensweisen und Urteilen sich selbst und anderen gegenüber. Ich mache daher auch keinen Unterschied, ob es in den jeweiligen Texten ums Dickwerden, Dicksein oder Abnehmen geht, ob das Problem Eßstörung oder Übergewicht genannt wird. Es geht um denselben Komplex.

Das zweite Kapitel zeigt die gesellschaftlichen Grundlagen, auf denen ein menschliches Phänomen wie der dicke Körper eine derartige Bedeutung bekommen kann. Ich habe zur Charakterisierung unserer Gesellschaft im Hinblick auf diese spezielle Frage zwei Grundkategorien gefunden: Wahrnehmung und Verantwortlichkeit.

Die Wahrnehmung, die jedem Kontakt, jeder Beziehung zugrunde liegt, trägt bestimmte Charakteristika, die unsere Gesellschaft ihr aufdrängt. Wahrnehmung ist kein wertfreier Vorgang. Schon das bloße Sehen basiert auf komplizierten Entwicklungsprozessen, die Stück für Stück die Sinne in ihren Dienst genommen haben. Also nicht erst im Handeln kommen Wertungen und Vorurteile zum Tragen, die Möglichkeit dazu ist schon in bestimmten Wahrnehmungsfähigkeiten festgeschrieben.

Die Verantwortlichkeit ist eine grundlegende Maxime unserer Gesellschaftsorganisation. Der Ansatz dafür ist eine Idealvorstellung vom Leben, der jeder nachzueifern hat, nicht zum eigenen Vergnügen, sondern um eine gesellschaftliche Pflicht zu erfüllen. Die strengen Ideale, die jede Abweichung als Schuld brandmarken, betreffen die Leistungsanforderungen ebenso wie Verhalten, Beziehungen, Wünsche und nicht zuletzt Aussehen und Fähigkeiten des Körpers.

Am Körper sind diese Ansprüche gut sichtbar: Individuelle Körperformen werden nicht als unendliches Spektrum unterschiedlichster Möglichkeiten gesehen, sondern als Grade von Abweichung, als Nachlässigkeit, als Fehler, als Vergehen. Wer dick ist, ist auch daran schuld, und er/sie hat die moralische Verpflichtung, etwas dagegen zu tun und dabei Erfolg zu haben.

Die gesunden, schönen, ***natürlichen*** Körper, die wir als Ziel unserer Wünsche vor Augen haben, sind nur scheinbar frei von

Zwängen. Die Verantwortlichkeit für den Körper erweist sich als Gradmesser seiner Freiheit und Unfreiheit.

Das dritte Kapitel bringt Beispiele aus der Gegenwartsliteratur zur konkreten Verwendung dieser Grundlagen im sozialen Leben. Die Relevanz der belletristischen Literatur erkläre ich an Ort und Stelle. Vorausschickend ist nur zu sagen: Ich habe keine Notwendigkeit gesehen, selbst Interviews mit dicken Leuten zu führen, denn in der Literatur sind genug, teilweise sehr gute, Beispiele zu finden. Das heißt nicht, daß es über Interviews nichts mehr herauszufinden gäbe, doch für meine Fragestellung erscheint mir die Literatur, die ich gewählt habe, interessanter.

Das *Ich*, das ich in der Arbeit verwende, meint nicht durchweg meine individuelle Person. Oft habe ich es eingesetzt, weil mir *man*, *jemand* und dergleichen zu fremd waren, um einen prinzipiell persönlichen Zusammenhang auszudrückken. Das *Ich* kann und soll auch das Ich des Lesers sein, es kann persönliche Erfahrung der Leserin bedeuten.

Meine Methode ist durchgängig die der Interpretation. Das enthält auch gewisse Erwartungen an die Leser. Ich wünsche mit jemanden, der sich nicht nur in Details vergräbt, sondern auch eher assoziativ seine Gedanken den Text entlangwandern läßt. So, denke ich, müßte sich das Bild des dicken Körpers ergeben, das ich zu malen versucht habe.

Donald Ducks Schlankheitskur

Donald Duck, der ewige Pechvogel, erlebt 1984 in einem der wöchentlichen Micky-Maus-Hefte eine Geschichte, die einige charakteristische Merkmale und Leiden der Dicken im sozialen Alltag und im Kreislauf der Diäten zeigt. Angefangen von dem Minderwertigkeitsgefühl, das für Kritik und spitze Bemerkungen besonders empfindlich macht, bis zu den chronischen Mißerfolgen bei allem, was man anpackt. (Walt Disneys Micky Maus, Nr.9, 25. 2. 1984)

Auf einer Veranstaltung des Vereins «Gesund durchs Leben« hören Donald, Daisy und Gustav Gans einen Vortrag von Professor Schlankbein. Er preist sein Hotel, in dem nach einer bewährten Methode jeder ohne Willensanstrengung erfolgreich abnehmen kann. Anschließend soll in einer Tombola ein vierwöchiger Aufenthalt in Schlankbeins Hotel verlost werden.

Wohl davon angeregt fällt Daisy auf, daß ihre beiden Begleiter in letzter Zeit etwas zu rund geworden sind.

Sie verspricht demjenigen, der in vier Wochen am meisten abgenommen haben wird, mit ihm auf den Jahresball zu gehen.

Die Tombolalose werden ausgefüllt, doch die Verlosung soll erst nach dem Tanzvergnügen stattfinden. Als Donald gebeten wird, die Lostrommel hinter der Bühne aufzubewahren, sieht er seine Chance gekommen. Er vernichtet die abgegebenen Lose und schreibt einen Stapel neuer, alle mit seinem Namen. Natürlich gewinnt er den Kuraufenthalt.

Gleich nach seiner Ankunft läßt ihn Professor Schlankbein ein Formular unterschreiben: Donald verpflichtet sich, einen Monat lang Gast im Hotel zu bleiben. Noch ahnungslos erfüllt er diese *Formalität*. Doch schon am ersten Morgen ist zu erahnen, woher die Kurerfolge kommen. Als Frühstück wird ein Glas Wasser serviert. Mittags gibt es Wasser und eine Vitaminpille, abends zusätzlich eine Scheibe Zitrone.

Nach einem Tag voller Magenknurren und Halluzinationen, nach einem Wutanfall inmitten der völlig apathischen Patientenschar, ist Donald soweit, den Ausbruch zu versuchen. Doch er muß feststellen, daß die Fenster vergittert und die Türen verriegelt sind.

Am nächsten Tag scheint sich eine Gelegenheit zur Flucht zu bieten. Eine Tür zum Garten steht offen, doch beim Versuch über die Mauer zu klettern, wird Donald geschnappt. Er entgeht dem Hungerprogramm nicht. Professor Schlankbein stellt ihn zur Rede, die Zitronenscheiben werden ihm gestrichen, anstrengende Bergwanderungen verordnet.

Nach drei Wochen wird ein Fest veranstaltet, bei dem Donald unerwartetes Glück hat. Bei den Vorbereitungsarbeiten wird ihm das Aufblasen der Luftballons übertragen. Dank der Hungerkur ist er leicht genug, um sich von den Ballons über die Mauer in die Freiheit tragen zu lassen.

Gleich bei der Landung entdeckt er ein Schild, das ihm den Weg zum nächsten Restaurant weist. So schnell wie noch nie läuft er die Strecke, hält sich erst gar nicht mit der Speisekarte auf, sondern verschlingt gierig alles, was die Küche zu bieten hat.

Auf einen Schlag sind alle Diäterfolge zunichte gemacht. Beim nächsten Treffen des Klubs «Gesund durchs Leben« ist Donald so rund wie zuvor und handelt sich ärgerliche Vorwürfe von Daisy ein. Als wieder ein Kuraufenthalt in Professor Schlankbeins Hotel verlost werden soll, versucht Donald seinen Rivalen Gustav in die Falle zu locken. Er schwärmt vom Kurhotel und schreibt, als die Lose eingesammelt werden, Gustavs Namen auf die Karte. Doch das Unglaubliche passiert! Wieder wird Donald als Gewinner ausgelost. Gustav hat eine Karte mit seinem Namen abgegeben. Donald, von der Niederlage und der Aussicht auf neuerliche Qual umgeworfen, muß zusehen, wie Gustav mit Daisy auf dem Jahresball verschwindet. Donald hat also auf der ganzen Linie verloren. Er hat die Strapazen der Hungerkur erduldet, verliert aber trotzdem Daisies Gunst und wird von seinem Rivalen Gustav aus dem Feld geschlagen.

Schrittweise analysiert, passiert in der Geschichte folgendes: Der garantierte Erfolg, den Professor Schlankbein verspricht, also die theoretische Möglichkeit für jeden, einen schlanken Körper sein eigen zu nennen, macht den dicken Körper zum offensichtlichen

Vergehen. Daisies Kritik spielt gemein die Körper in einem sozialen Konflikt aus. Damit erzeugt sie Schuldgefühle und Versagensängste und erweckt die Hoffnung, daß der richtige Körper auch Erfolg im Werben um ihre Gunst bringt.

Zunächst wird Donald also überhaupt einmal eingeredet, daß er zu dick ist. Daisy, die hier als das personifizierte Ideal fungiert, bringt ihm mit einem einzigen Satz das Unbehagen an seinem Körper bei und verknüpft den ersehnten Erfolg in der Werbung um sie mit Donalds Figur. Wer zu dick ist, hat keine Chance.

Donald, der ewige Pechvogel, reagiert natürlich auf Daisies Kampfansage. Das Wundermittel, das ihm Hoffnung macht, ist in diesem Fall der Kuraufenthalt, in anderen Fällen ist es vielleicht eine neue Diät in einer Modezeitschrift, jedenfalls wird blindlings zugegriffen. Wild stürzt Donald sich ins Abenteuer und erkennt erst viel zu spät den Pferdefuß.

In Schlankbeins Hotel wird er sofort in seine Patientenrolle eingewiesen. Die Entmündigung ist sichtbar und wirkungsvoll. Der Empfang im Hotel ist ein perfektes Bild des üblichen Verhältnisses von Arzt oder Ratgeber zum dicken Patienten. Das Opfer wird der freien Entscheidungsmöglichkeiten beraubt und unter ein strenges Reglement gezwungen, hier besonders deutlich in Gittern, verriegelten Türen und unterzeichneten Verträgen. Der Arzt hat die Zügel in der Hand. Doch vorerst ist Donalds Motivation noch so stark, daß er voll Euphorie das Kommende erwartet.

Was kommt, ist eine Diät, die in ihrer Absurdität keineswegs von den Comic-Autoren erfunden werden mußte. Sie verringert nicht nur das Gewicht, sondern auch das Selbstwertgefühl und steigert die dankbar ergebene Unterwürfigkeit unter Professor Schlankbein. Und selbstverständlich ergibt diese Nulldiät eine absolute Fixierung auf Eßbares. Alle Gedanken kreisen ums Essen, um den Hunger. Es bleibt keine Energie frei für Gedanken abseits des beherrschenden Magenknurrens. Die Patienten sitzen apathisch hinter ihren Wassergläsern, ihr Eigenwille ist schon gebrochen.

Nur Donald begehrt noch auf, doch nach seinem ersten Ausbruchsversuch wird auch er kleingekriegt. Streng wird er zurechtgewiesen wegen seines *unmoralischen Verhaltens*. Erst heult er noch, schreit verzweifelt vor Hunger. Doch als der Professor unerbittlich bleibt, die scheinbar gerechte Strafe verhängt, also an Donalds Schuld keinen Zweifel und kein bißchen Mitgefühl aufkommen läßt, seufzt Donald nur mehr leise vor sich hin. Natürlich zeigt die Hungerkur äußerliche *Erfolge*. Die Patienten werden dünner und dünner, doch sie erniedrigen sich, betteln um zusätzliche Rationen und unterwerfen sich voll Demut dem übermächtigen Professor.

Donalds zweiter, gelungener, Fluchtversuch ist ein gutes Beispiel für die *Erfolge*, die jede Diät, jede Kur aufzuweisen hat. Natürlich nimmt ab, wer drei Wochen nichts ißt, und tatsächlich steigert sich auch in Fastenzeiten, in einer bestimmten Phase, die körperliche Leistungsfähigkeit. Doch kann Donald mit dem Erfolg zufrieden sein? Kann er seinen abgemagerten Körper genießen? Keineswegs! War vorher vielleicht Essen für Donald noch mit Genuß, Entspannung, Erholung verbunden, ist es jetzt die pure Unersättlichkeit, blanke Gier, der Hunger nach Versäumtem und Unerreichbarem.

Die Diät wirkt also nicht!

Doch dafür kann Donald kein Verständnis erwarten. Er hat sich Daisies Zorn nun vollständig zugezogen. Sie wirft ihm seine Schwäche vor. Keine Kritik trifft Schlankbeins Methode, Donald bekommt die Schuld an seiner Figur, am Versagen der Kur zugeschoben. Donald hat versagt und damit ihre Sympathie wohl endgültig verscherzt. Jetzt versucht er den Kampf gegen Gustav auf andere Weise: Wenn er schon keinen Erfolg hat, dann soll wenigstens Gustavs Körper ebenso getroffen werden wie seiner.

Doch er hat nie Glück, wird hereingelegt und geprellt. Doppelt hat er das Nachsehen! Nicht nur die Qual, auch noch den Mißerfolg und die Schmach!

Bemerkenswert ist an dieser Geschichte noch die Tatsache, daß Donald und Gustav mit gleichen körperlichen Voraussetzungen ins Rennen gehen. Beide sind zu Beginn wie am Ende der Episode gleich rund. Doch Donald, den jeder als den ewigen Versager kennt, läßt sich von Daisies Kritik dazu drängen, sich in die Diäthölle zu stürzen. Er macht die schlechten Erfahrungen, während Gustav mit einem ähnlichen Aussehen offenbar nicht zu dick ist, um erfolgreich zu sein.

Es scheint, als müßte Donald Duck, mit dessen Leiden sich so viele identifizieren können, auch einmal den Diätwahn durchleben, damit sein Image als Kultfigur der Erfolglosen vollständig ist. Sein Beispiel gilt für viele: Wer ständig durch eigenes zwanghaftes

Verhalten oder Druck von außen mit seinem Körper beschäftigt sein muß, der kann beim besten Willen, sei es wegen eigener Ängste oder wegen Behinderung von seiten anderer, sozialen Anforderungen nicht mehr gerecht werden, geschweige denn Erfolg haben.

Auf der Spur der «Dicken Bücher«

Ich gehe den Weg des durchschnittlichen Literaturverbrauchers, also durch Buchläden, die Stadtbücherei, und als Studentin mache ich auch einen Streifzug durch den Zentralkatalog der Universitätsbibliothek. Mein Interesse hat einen Namen: Ich bin dick und damit unzufrieden. Von anderen Leuten mit *Figurproblemen* unterscheidet mich höchstens das wissenschaftliche Interesse, das ich vorschützen kann, wenn mir das, was ich in den Büchern finde, persönlich nicht behagt. Zweierlei legitimiert diesen Weg: Erstens zeichne ich damit tatsächlich die Schritte meines Interesses nach, das die vage Ahnung von der gesellschaftlichen Schwere des Problems, das ich unter der Haut spüre, beweisen und untermauern will. Zweitens gerate ich mit diesem Vorgehen unweigerlich in den Wirbel unterschiedlicher Meinungen und starrer Vorurteile.

Ein einziges Beispiel genügt, und schon treiben Klischees vor meinen Augen Blüten. Auf einem Kongreß erklärt der Psychoanalytiker Jan Bastiaans seinen Kollegen: »Man kann sagen, daß dicke Leute meistens gekennzeichnet sind durch ein Verhalten, das mehr oder weniger ihre ganze Persönlichkeit durchtönt und das als munter, froh, gemütlich, dem Leben zugewandt gilt, sowohl im Materiellen als im Körperlichen. Sie haben eine Fähigkeit dazu, ohne unempfindsam zu sein, unangenehme Emotionen, Erlebnisse und Geschehnisse zu verleugnen. Insbesonders scheinen sie emotionell blind für das Abstoßende des Dickseins. Speziell bei Frustration ihres Nahrungsbedürfnisses können sie narzistisch, aggressiv, reizbar, ängstlich und unsicher reagieren, doch meistens sind diese Charakterzüge überdeckt durch eine Fassade gutherziger Freundlichkeit, die ihre Umwelt wohltuend anspricht, doch bisweilen auch das Gefühl aktivieren kann, wie sehr dieser Patient sich in seiner Umwelt festsaugt oder frißt, wie sehr er essend auf seine Umwelt gerichtet ist. Neben dieser oralen Haltung findet man auch die sogenannten analen Charakterzüge von Genauigkeit, Ehrgeiz, Stolz und Eigensinn. Bei der Arbeit sind sie meistens sauber, aber was ihre Person, Kleidung und Aussehen anbetrifft, können sie ausgeprochen nachlässig sein. Die weiblichen Fettsuchtpatienten können sich weiblich verhalten. Sie wollen schön und schlank sein, aber in Perioden von psychischem Streß vernachlässigen sie sich. Die sogenannten normalen Fettsüchtigen (fett durch Gewohnheit) sind meistens sehr aktiv, optimistisch, angenehm im Kontakt, während die neurotischen Typen im allgemeinen mehr in einer eingeengten Welt leben, in der sie abhängig und sehr passiv sind.« (Bastiaans, S.621f.)

Mit Vorurteilen wie dem von den fröhlichen, gutmütigen Dicken, die nur, wenn sie nichts zu essen bekommen, aggressiv werden, oder von den schmuddeligen, unappetitlichen, die gar nicht bemerken, wie sie aussehen, müssen dicke Menschen leben.

Diese Attribute des dicken Körpers, die weder belegt noch überprüfbar sind, sind aber gut bekannt. Wer meint, er kenne sie nicht, kann sich trotzdem beruhigen: Sie sind völlig beliebig. Es lohnt nicht, auf den Wahrheitsgehalt hin zu überprüfen, ob Dicke nun fröhlich oder trübsinnig, lebendig oder behäbig, genießerisch oder griesgrämig, klug oder dumm, sinnlich oder eklig sind. Es reicht zu wissen, daß man offensichtlich nur dick zu sein braucht, und schon meinen viele, sie sähen Charakter, Lebensauffassung, Gewohnheiten, Fehler und Vorzüge wie in einem offenen Buch vor sich.

Doch ist nichts damit getan, Vorurteilen einen negativen Charakter zuzuschreiben, sie von vornherein als völlig absurd abzuwerten. Es geht um ihren Gebrauchswert in Kommunikationszusammenhängen. Die Zuschreibungen, mit denen dicke Menschen, vor allem Frauen, bedacht werden, sind Ausdruck einer Herrschaftsabsicht. Der *unbeherrschte* Mensch, der dies mit seinem Körper dokumentiert, muß zum beherrschten, beherrschbaren werden. Das Erfüllen von Normen, von Leistungsvorgaben muß im wahrsten Sinne des Wortes in Fleisch und Blut übergehen. Die Leistungsgesellschaft verlangt die Unterordnung der arbeitenden Körper unter ein strenges Ideal von Tüchtigkeit, Bescheidenheit und nicht zuletzt Selbstausbeutung. Eine Form der Auflehnung sind dicke Körper, die behäbig und ungeschickt sind oder scheinen, oder die es sich gut gehen lassen, die also den Verdacht nähren, sie könnten sich über wesentliche gesellschaftliche Verhaltensnormen hinwegsetzen.

Genau darauf zielen die Vorureile, die dicke Menschen treffen, ab. Vielleicht erweckt ein dicker Körper Angst, weil er ein Anzeichen dafür sein kann, daß das Funktionieren der Gesellschaft in Frage steht. Oder er weckt Neid, weil er als sichtbare Opposition verstanden wird. Jedenfalls ist er sozusagen illegal, und mit Macht wird versucht, ihn auf die Linie der Gleichförmigkeit zu zwingen. Vorurteile sind ein allgemein zugänglicher Teil dieser Macht.

Die Theorien der vielen Ratgeber sind nicht so anders als die hörbaren, spürbaren Urteile des Alltags. Sie sind ebenso unlogisch, partiell, sich widersprechend, zweckgerichtet, parteiisch. Da ich also von populärer Literatur über das Dicksein ausgehe, befinde ich mich zunächst automatisch auf einem Weg der vorurteilenden Kommunikaion, im Feld des alltäglichen Verhaltens und Bezeichnens. Wobei nicht zu trennen ist, ob diese populären Theorien öffentliche Meinungen anregen oder diese aufgreifen und formulieren. Auch die wissenschaftlichen psychologischen, verhaltenswissenschaftlichen und feministischen Theorien sind nicht völlig von diesen Zusammenhängen zu trennen.

Die Ratgeber, die ich behandle, richten sich in fast allen Fällen an direkt von dem Problem Betroffene, nicht an professionelle Helfer, Experimentierer und Denker. Meine Position ist kaum anders als die jeder anderen Ratsuchenden. Ich lege Wert auf diese Wanderung entlang der Linie, an der zwischen Forschung, Therapie, Pädagogik und individuellem Erleben Problembewußtsein und persönliche Erfahrung vermittelt wird.

Diese Nahtstelle, an der persönliche, intime Probleme auf öffentliche Zusammenhänge treffen, ist das Zentrum der Auseinandersetzung mit dem Dicksein. Obwohl der Körper als der ureigenste Bereich jedes einzelnen gilt, ist er, sobald er sich bewegt, auftritt, sichtbar wird, eingebunden in einen theoretischen Diskurs, der ihn mehr oder weniger abstrakt analysiert, erklärt und schließlich therapiert. Die populäre Ratgeber-Literatur ist jener Bereich, in dem sich dieser Zusammenstoß am deutlichsten zeigt.

Ich gehe von einem Menschenbild aus, das mir das Herstellen kausaler Zusammenhänge nur gestattet, wenn dabei oder dadurch nicht wesentliche Lebensbereiche ausgeklammert werden. Dieser Vorwurf trifft Theorien, die z. B. das Eßverhalten nur als Beziehung von Kalorienaufnahme und -verbrauch betrachten, deren Erklärungen nur beim Individuum ansetzen und die sozialen Komponenten außer acht lassen oder die Frauen eines Fehlverhaltens beschuldigen, ohne die gesamte Gesellschaftsstruktur in ihr Modell einzubeziehen.

Die Verflechtung der Lebensbereiche gibt mir den Maßstab für die Beurteilung. Grobe Unvollständigkeit einer Theorie läßt sie mir, wenn auch vielleicht nicht völlig falsch, so doch unbrauchbar erscheinen.

Allerdings, ich muß gestehen, die Darstellung der unzählbaren Diätanweisungen, dieser Bibeln von Ärzten, Schauspielerinnen, Wunderheilern, Chemiekonzernen und Modediktatoren habe ich mir im Detail schlichtweg geschenkt. Ihnen allen liegen durchaus vergleichbare Auffassungen vom Menschen und seinem Körper zugrunde, die zu kritisieren im folgenden auch ohne einzelne Auflistung Gelegenheit sein wird. Ich setze jedoch voraus, daß, wer seinem (dicken) Körper unter die Haut, wer in seinen dicken Leib schauen will, weiß, daß solche Erkenntnisse sich auch aus 10, 20, gar 30 Jahrgängen *Brigitte* oder ähnlichem nicht erschließen lassen. Ich fange dort an, wo Autoren Erklärungen ankündigen, wo Buchtitel versprechen, daß sie das Problem an der Wurzel analysieren, wo die Aufmachung des Textes andeutet, daß er mehr enthält als die übliche Kalorientabelle und ein strenges Frühstück-Mittagessen-Abendessen-Schema für drei Wochen, daß es also nicht nur um das technische Know-how des Abmagerns geht, sondern um Zusammenhänge, Hintergründe und Perspektiven.

Wie schon erwähnt, sind die drei Aspekte Dickwerden, Dicksein und Schlankwerden nicht voneinander zu trennen. Es ist sinnlos, einen der Teile gesondert zu behandeln, bzw. weist es eine Theorie als falsch aus, wenn dies trotzdem versucht wird. Denn nur ein isolierender Blick auf das Fettgewebe kann diese drei als verschiedene Zustände betrachten. Der dicke Mensch hingegen befindet sich in einer psychischen Entwicklung, die in ihrem Verlauf in verschiedenen Formen ihren körperlichen Ausdruck findet. Die

Bedingungen, die Menschen dick machen, machen sie meist auch wieder schlank in der immer wiederkehrenden Qual der Diäten – und dann wieder dick. Zu- oder Abnahme von Pfunden sind nicht die eigentlichen Probleme und daher nur scheinbar grundlegend verschieden. Sie sind Symptome von Lebensumständen und -einstellungen dicker Menschen, sie sind sichtbare Auswirkungen psychischer Abläufe.

Besonders die populärwissenschaftlichen und medizinischen Bücher legen eine Ausrichtung der Interpretation und Kritik der Texte nahe, die ich nicht von vornherein beabsichtigte: Sie arbeiten ganz gezielt daran, vor allem Frauen mit Hilfe der Figurprobleme zu unmündigem und unselbständigem Verhalten zu nötigen. Das Aufzeigen und Kritisieren dieses Vorhabens drängt sich in den Vordergrund und bereitet das Lob der feministischen Theorie vor.

Es war nicht mein Interesse, auf jeden Fall eine feministische Arbeit zu schreiben. Ich interpretiere Dicksein nicht als ausschließliches Frauenproblem in der patriarchalischen Gesellschaft. Aber die Theorien der Ratgeberliteratur wenden sich hauptsächlich an Frauen als Leserinnen und stellen sich gleichzeitig gegen sie, greifen Frauen an, werten sie ab, bevormunden sie. Es hat sich als notwendig gezeigt, sich dagegen zu wehren, und die feministischen Analysen sind dazu bestens geeignet.

Daß also der Männerkörper in dieser Arbeit unterrepräsentiert ist, ist auf sein weitgehendes Fehlen in der Literatur zum dicken Körper zurückzuführen. Und daß der feministischen Theorie das Schlußwort dieses Kapitels bleibt, ist die Antwort auf die frauenfeindlichen Zumutungen der Populärliteratur.

Ich nehme eine Reihung dieser *dicken Bücher* vor, die im wesentlichen meinem Erkenntnisgang folgt. Ich möchte niemandem die absoluten Tiefschläge ersparen und nicht den Ärger, das Kopfschütteln, die Verunsicherung und das gequälte Lachen, aber ich will sicherstellen, daß die Sichtweise des Problems von Buch zu Buch komplexer wird und meine Überlegungen nachvollziehbar sind.

Ratgeber für die Diät und das Leben

Woran saugt sich der Blick der Hoffnungsuchenden, der die Bücherregale entlanggleitet, fest? *Für immer schlank!* Die Spur beginnt bei einem Buch, das sehr nahe an reinen Diätvorschriften rangiert, und als ein Paradebeispiel der Kampagne zur Zerstörung des natürlichen Körpers gelten kann.

Dr.med. Robert Linn und Sandra Lee Stuart verwirklichen anscheinend die große Hoffnung der westlichen Überflußgesellschaft: *Für immer schlank. Diät ohne zu hungern.* Abweichlern, die noch andere Lebenswerte kennen und sich diesem Diktat nicht selbstverständlich unterwerfen, wird streng ins Gewissen geredet: »Jeder sollte immer daran denken, daß nur sein Gewicht, von dem Selbstachtung und Wohlbefinden abhängen, für ihn wichtig ist.« (Linn/Stuart, S.81) Um auch den letzten freien, selbstzufriedenen dicken Körper in seine Macht zu kriegen, schüren Dr.Linn/Stuart die Angst vor Gesundheitsrisiken und dem Verlust von Lebensqualität: »Ihre Körperfülle schafft ihnen Verdruß, stimmt sie depressiv. Das alles reicht noch nicht: Sie sollte ihnen auch Angst machen! (...) Und wird das Leben vom Fett schon nicht verkürzt, ist es doch auf alle Fälle weniger lohnend, weniger reizvoll, eben weniger lebenswert.« (S.13)

Sowohl die organische Lebensfähigkeit, als auch das seelische Glück werden vom Fett beeinträchtigt. Sie machen Angst, beunruhigen, fordern aber mit keinem Ton zur Analyse auf. »Doch ganz unabhängig von allen persönlichen Ursachen für das Übergewicht: jetzt gilt nur noch, es wieder herunterzubringen und dafür Sorge zu tragen, daß es nicht wieder dazu kommt.« (S.18) Dr. Linn/Stuart empfehlen dazu eine Nulldiät, radikal, monatelang – nichts. Körperliche Schäden sollen durch das Einnehmen einer Eiweißlösung verhindert werden. »Das Programn kann nicht versagen, höchstens der Übergewichtige selbst.« (S.74) Wer kann es verhindern abzunehmen, wenn er monatelang nichts ißt?

Die Probleme, die entstehen, wenn jemand sich vom sozialen Gefüge rund um die Mahlzeiten distanziert, werden bagatellisiert. Sie zeugen nicht nur von persönlicher Unfähigkeit, sondern auch von mangelnder Verinnerlichung Linnscher Lebenswerte.

Stolz berichten Dr. Linn/Stuart: »Eine unserer Patientinnen, vollbeschäftigte Buchhalterin und Hausfrau, bereitet für ihren Mann und ihre fünf Kinder täglich drei Mahlzeiten zu. Sie betreibt das eiweißschonende Fasten seit mehreren Monaten und sieht überhaupt kein Problem darin, Tag für Tag gehaltvolle Speisen und einen üppigen Nachtisch auf den Tisch zu bringen. Vorübergehend ließ sie bestimmte Dinge weg, weil sie annahm, sie würden ihr ohne Abschmecken nicht gelingen.(...) ›Jetzt gibt es eigentlich nichts mehr, was ich nicht zubereiten könnte, auch Dinge, die ich früher sehr gerne mochte, kann ich heute herrichten und auf den Tisch bringen, ohne selbst davon zu essen.‹ Für diese Frau gilt nur noch ihr Gewicht.« (S.80)

Das Ideal ist die perfekt funktionierende Frau, die alle umsorgt, die selbst keine Wünsche hat, die sich keinen Genuß gönnen kann, die mit Eiweißlösung wie eine Maschine am Laufen gehalten wird, die keine eigene Verantwortung und kein eigenes Maß mehr hat.

Doch Erfolg winkt nur dem, der lebenslange Einschränkungen auf sich nimmt, der bereit ist, seine Lebensbereiche und -entscheidungen zu verstümmeln, ohne dafür mehr als bestenfalls einen flachen Bauch zu bekommen. »Der wieder Schlankgewordene sollte (...) an dem Programm festhalten, bis ihm sein Arzt sagt, daß er aufhören könne.« (S.94)

Warum ich Dr. Linn/Stuart auswähle?

Ihr Programm erscheint als die Extremvariante sämtlicher Diätmethoden. Extrem ist aber tatsächlich nur die absolute Nahrungsabstinenz. Ob 1000 Kalorien, 500 oder gar keine, das sind nur Abstufungen und Unterschiede in der Konsequenz, mit der bestimmte Auffassungen vom Funktionieren des Körpers in die praktische Anleitung übersetzt werden. Abgesehen von der allein schon kritikwürdigen Auffassung vom Körper als rein physischem Mechanismus, sprechen fast alle Diätapostel dem Menschen noch die Berechtigung ab, seine Körpermaschine selbst zu bedienen. Der Arzt legt die Hebel um, entscheidet über Mischung und Dosierung, über die Dauer der Anwendung, beurteilt das richtige Funktionieren, stellt Erfolg oder Mißerfolg fest. Er erzeugt das Produkt *schlanker Körper* in ständiger Kontrolle oder über autoritäre Bedienungsanleitungen und übergibt es, ohne weitere Verantwortung übernehmen zu wollen, dem ratlosen Benützer. Dr.

Linn/Stuart bieten mir also an, mich einfach wegzuhungern. Ich höre auf zu essen, auf unbestimmte Zeit, so lang, bis ich dünn genug bin für Dr.Linn/Stuart. Ich hoffe, sie stoppen den Prozeß rechtzeitig, so lange ich noch zu retten bin! Denn wer ihnen brav folgt, wird bald so wenig Ahnung von seinen Körperempfindungen haben, daß er nicht mehr guten Gewissens selbst über sich entscheiden wird können.

Jeder wird meine Erleichterung nachvollziehen können, die ich verspürte, als ich Dr. Moron kennenlernte.

Moron ist der Einzige, der die Dicken eindeutig vom Vorwurf des Zu-viel-Essens freispricht. Unerklärliche physiologische Störungen sind verantwortlich für die übermäßige Leibesfülle. Natürlich gibt es auch Leute, die dick sind, weil sie zu viel essen, doch für die hat Dr.Moron nur Verachtung übrig. Unbeherrschte Fresser gehören nicht zu der »Klasse von Fettkranken« (Moron, S.34), die unschuldig unter der Stigmatisierung leiden und ein Recht auf seine Hilfe haben.

Die Dicken, die Moron meint, essen eher weniger als andere Leute, werden aber von einem inneren organischen Feind daran gehindert, ihren Energieumsatz so zu gestalten, daß sich die gewünschte Normfigur ergibt. Die genaue Ursache kann Dr.Moron nicht erkennen, aber er weiß ein Mittel dagegen: eine medikamentöse Therapie, gekoppelt mit einer erträglichen Diät und Körperübungen.

Was an Morons Sicht der Dinge verblüfft, ist die extreme Simplifizierung dort, wo er von der Erklärung der Symptome und Zustände zur konkreten Therapie schreitet. Er berücksichtigt in seiner Analyse vererbte Anlagen, biographische Auslösesituationen für Gewichtszunahme und gesellschaftliche Bedingungen, die natürliche Einstellungen zum Körper erschweren. Doch glaubt er offensichtlich selbst nicht genug daran, um seine Therapie aus diesen Erkenntnissen zu entwickeln. Stereotyp verordnet er Diät, Körperübungen und Tabletten, eine sehr langfristige Behandlung, die sich über Jahre erstrecken kann.

Aber bleiben wir bei seinen Analysen: Er steht dem Dicken (nicht dem Fresser!) freundlich gegenüber, spricht ihn von jeder Schuld frei. Er läßt seine Patienten in dem Glauben, Opfer einer unberechenbaren Macht zu sein. Die Gesellschaft ist der verheerende

Feind. »Wir leben in einer Gesellschaft, die ihre Wurzeln verliert und dadurch auch ihre Stabilität. Die Ehe wird zu schnell geschlossen und noch schneller wieder aufgelöst, die Familie bricht auseinander, die Moral wird zum Gegenstand der Lächerlichkeit, der Glaube geht verloren, und wenn der Sturm kommt, ist nichts mehr da, um sich daran festzuhalten. Ich jammere nicht, ich stelle nur fest, und ich strenge mich an, die in Form von Fett zutage tretenden verheerenden Konsequenzen bei denen zu beseitigen, die auf diese Weise darauf reagieren.« (S.149)

Moron teilt den Körper ein in verschiedene Zonen, die auf bestimmte Momente der Lebensführung reagieren. Anhand von Fettverteilungskarten des Körpers ist das persönliche Problem aufzufinden.

Das Problem wird auf diese Weise scheinbar logisch faßlich, doch ich halte diese Zonen für eine Vereinfachung, die das Verständnis der komplexen Zusammenhänge von dicken Körpern und ihrem gesellschaftlichen Rahmen eher verhindern.

So vage vorher die *Gesellschaft* beschuldigt wurde – so gegensätzlich geht es jetzt nur mehr um eine konkrete Ursache (die übermäßige Ernährung) für ein konkretes Symptom (das Fett) und natürlich eine konkrete Lösung: Medikamententherapie, Diät und Körperübungen.

Warum ist es so erleichtend, die Gründe für das Fett völlig aus der eigenen Verantwortung auszulagern? Warum hat man, wenn man so etwas liest, nicht das akute Gefühl, seines Körpers enteignet zu werden, und lehnt nicht empört die entmündigende Absicht, die aus solchen Texten spricht, ab?

Die Entmündigung ist schon viel früher passiert, nämlich da, wo einem die Sprache des eigenen Körpers, des Wohlbefindens und Leidens verleumdet wurde, da, wo der Körper nicht nur Symbol für Fehler, Unfähigkeit und Unglück ist, sondern wahlweise Ursache und Folge, und auf diese Weise zweimal beschuldigt wird.

Beim nächsten Schritt dieses Pilgerweges, bei dem der Körper hoffentlich nicht völlig einzubüßen ist, treffe ich auf ein Buch, dessen Titel verspricht, nette Seiten an meinem kläglichen Los zu entdecken, ja, das mir vielleicht gestatten wird, so zu bleiben, wie ich bin. *Wir sind rund – na und?* – Aber weit gefehlt! *Ein Plädoyer für die mollige Frau,* so der Untertitel.

Dahinter verbirgt sich, getarnt unter der Flagge *mehr Selbstsicherheit für die dicke Frau*, ein Nachschlagebuch für die perfekte Anpassung der Frau an Männerwünsche. »Aber wir wollen keine Demonstration mit Geschrei und Transparenten anzetteln – wir wollen statt dessen das an sie weitergeben, was wir gelernt haben: Wie die Runden sich pflegen, sich kleiden und vor allem auch, wie sie ihr Selbstbewußtsein aufrichten können.« (Schönberger/Höhne, S.11) Diese Tips fragen natürlich auch nicht nach dem Woher des Problems. Es ist organisch, durch die Schilddrüse bedingt. Bei deren Unterfunktion »verbrennt der Körper zuwenig Futter und lagert den Überschuß in den Muskeln und im Gewebe ab, manchmal ist Letzteres auch anerzogen«. (S.23) So einfach entsteht eine Situation, die mit Fröhlichkeit, Charme und Schminke wegkaschiert werden soll.

Das Verdammen unsinniger Diäten endet paradoxerweise in einer durchaus vergleichbar unsinnigen Diätanweisung. Nur ist die von Dr. Martin, der aus unerfindlichen Gründen das Vertrauen der Autorinnen besitzt. Die Feinde der Figur sind in diesem Fall Kohlenhydrate erster Ordnung. Sie »liefern die Kalorien, die der Körper, wenn kein Bedarf für sie vorhanden ist, sofort auf sein Sparkonto an Hüften und Taille abbuchen kann. Und bei entsprechend einseitiger Ernährung wächst nun dieses Konto geradezu sichtbar.« (S.31)

Die Sprache des Buches verdient gesonderte Beachtung. Offenbar verlangt ein jovialer Umgang mit dem Körper ein besonders unsachliches Vokabular. Vergleiche auf verschiedensten Ebenen sollen verdeutlichen, wie der Umgang mit dem Körper, den die Verfasserinnen empfehlen, funktioniert. Wenn unser Körper «Futter« erhält, brauchen wir nicht auf animalische Wesensart zu schließen, schließlich bewährt er sich demnächst im Bankgeschäft und verbucht Gewinn und Verlust auf seinen «Konten«.

Doch sollen wir hier nicht darauf verfallen, ihm rechnende, denkende Fähigkeiten zuzusprechen, zeigt er sich doch im Handumdrehen als Maschine, deren «Vergaser« gesteuert werden will. Doch bevor wir die technische Gerätschaft Körper verstehen, haben wir die Hierarchie der Steuereinrichtungen zu durchschauen: Der «Verein« der Hormone unterwirft sich seinem «Vorstand«, der Hypophyse, dieser wiederum delegiert Aufgaben an den «Abteilungsleiter« Schilddrüse.

Die Übertragung von Verhaltensmustern aus technischen oder geschäftlichen Bereichen auf den Körper lese ich als Indiz für die körperfremde, körperfeindliche Einstellung, die von der Kontrollierbarkeit und planbaren Verwendbarkeit des Körpers ausgeht, die also den Körper wie ein technisches Gerät benützt. Diese Flut von Vergleichen trägt nicht dazu bei, körperliche, geschweige denn seelische Vorgänge rund um das Dicksein zu erklären, schon gar nicht, sie einfühlend zu verstehen. Sie unterstützt nur den lockeren Ton, der aber sicher nur deshalb angeschlagen werden kann, weil die Tiefe des Themas nicht im kleinsten Versuch ausgeleuchtet wird, sondern nur an der Oberfläche, nicht mal an der Haut, nur an der Schminke, gekratzt wird.

Die Beziehung von Körperbild und psychischen Zuständen wird naiv vereinfacht: »Gerade seelische Ausgeglichenheit aber ist unabdingbar, um den Anforderungen einer Schlankheitskur gewachsen zu sein. Wer frustriert ist oder Sorgen hat, der kann nur schlecht oder aber überhaupt nicht abnehmen.« (S.40)

Diese seelische Ausgeglichenheit scheint ein Anpassungsprodukt zu sein, das Akzeptieren patriarchaler Umgangsformen und Normen: »Es war ihnen eine ausgesprochen unangenehme Erfahrung, wenn sie während einer Abmagerungskur bei zunehmend attraktiverem Äußeren plötzlich mit eindeutigen Anträgen konfrontiert wurden. Ein kritischer Leser kann hier zu Recht vermuten, daß diese Erfahrung für die dünner gewordene Dicke ungewohnt ist, Verunsicherung auslöst und deshalb als ›unangenehm‹ empfunden wird.« (S.51)

Ich habe gemerkt, wer hier «zu Recht« Vermutungen anstellen darf, wer die Erfahrungen von Frauen in unangenehme und angenehme teilt – er!

Wenn also männliches Verhalten Frauen zu Reaktionen wie Dickwerden zwingt, bewegt das die Autorinnen keineswegs zu einer Kritik an den Verursachern, sondern sie fordern den Frauen den Lernprozeß ab, sich auch an dies noch zu gewöhnen und auch jenes noch zu schlucken. Die weibliche Rolle als Sexualobjekt freudig zu erfüllen, gilt als das Normale. In dieser Welt ist nichts unangenehm für die Frau, die strahlendes und gepflegtes Aussehen als Lebensgrundlage versteht. Die Ausbildung in diesen Disziplinen ist nur vielleicht noch nicht vollkommen.

Wird also die öffentliche Meinung oder z.B. die *Gepflogenheit*, Frauen als Sexualobjekte zu betrachten, als behindernd erlebt, so muß dies nur als individuelle Verblendung dargestellt werden, und schon ist die Gefahr gebannt.

Auch Gefühle der Ablehnung werden leicht zerstreut durch eine Umfrage, die erweist, daß Dicke zwar «bei Jugendlichen, bei Angehörigen der Oberschicht und auch hin und wieder bei Männern mit einer ablehnenden Haltung rechnen (müssen), insgesamt (..) aber bei einer breiten Mehrheit der bundesrepublikanischen Bevölkerung auf Sympathie hoffen (können).« (S.60)

Aber verweist nicht ein solches Umfrageergebnis darauf, daß die verhängnisvollen und diskriminierenden Werturteile in tieferen Bewußtseinsschichten sitzen, als sie eine direkte Befragung erfaßt? Oder soll daraus nur der Schluß gezogen werden: Um junge Männer der Oberschicht machen dicke Frauen besser von vornherein einen Bogen, damit sie ihr Selbstbewußtsein nicht in Gefahr bringen?

Und noch ein Beispiel für den paradoxen Versuch, weibliches Selbstbewußtsein aus männlicher Denkungsart zu gewinnen: »Da jede wohlbeleibte Frau bestrebt ist, ihr vermeintliches Manko – die zu vielen Pfunde – in irgendeiner Weise positiv auszugleichen, ist sie meist eine besonders einfallsreiche und lebhafte Geliebte, die nicht nur auf ihr eigenes Wohl, sondern oft noch mehr auf das Vergnügen des Gefährten bedacht ist. Sie gehört nicht zu jenen Frauen, die sich aufgrund ihrer Schönheit dank ihrer bloßen Anwesenheit als ›Siegerin‹ fühlen und es dem Mann überlassen, was er mit ihnen anfängt. Die selbstsichere Mollige entwickelt Phantasie in der Liebe und versucht von sich aus, dem Partner Wünsche von den Augen abzulesen.« (S.109f.)

Soll das Frauen von den Zweifeln an ihrer Person befreien, wenn sie auf verstärkte Leistungszwänge hingewiesen werden, deren Ursachen mit keinem Wort erwähnt werden?

Nicht der Zwang zur Kompensation des scheinbaren Mankos wird kritisiert, sondern Frauen, und ganz besonders dicke Frauen, werden aufgefordert, sich freudig männlich-sexistischen Ansprüchen zu unterwerfen. Eine dicke Frau ist wohl für jeden Mann eine Zumutung. Da soll sie doch wenigstens einfallsreich und ja nicht egoistisch sein. Ist sie es nicht, so hat sie kein Recht, die Diskriminierung, die sie aufgrund ihres runden Körpers erfährt, anzuprangern.

Das Selbstbewußtsein, das die Autorinnen den dicken Frauen vermitteln wollen, ist trügerisch. Es beruht nicht auf dem emotionellen Akzeptieren unterschiedlichster Körper und nicht auf dem Durchschauen gesellschaftlicher Bedingungen. Es beruht auf Techniken und Verhaltensweisen, die helfen sollen, das schlechte Gewissen wegen der Fettpolster zu unterdrücken: Ich bin zwar dick, aber meine sonstigen Qualitäten machen das doch wett!

Der dicke Körper bleibt ein persönlicher Fehler.

Raffiniert verpacken die Autorinnen ihre Anweisungen in quasi objektive Beobachtungen. Feststellungen wie die, daß alle molligen Frauen ihren Partnern die Wünsche von den Augen ablesen, verstecken die massiven Forderungen. Doch dieses Buch läßt keinen Zweifel daran, wie die Frau sein soll, die Dicke wie die Dünne: perfekt vor Männeraugen, perfekt im Erfüllen von Männerwünschen. Besonders gut im Beruf muß sie sein, die Dicke, besser als andere Frauen, die ja schon besser als Männer sein müssen. Besonders gepflegt muß sie sein, immer geschminkt. Immer fröhlich und ausgeglichen muß sie sein. Beleidigungen fegt sie mit einem freundlichen Lächeln vom Tisch. Fällt jemandem auf, daß sich die Katze in den Schwanz beißt, daß derartige Überforderungen wohl kaum geeignet sind, jemanden für einen anstrengenden, bösartigen Alltag zu rüsten?

»Und gegen unqualifizierte Bemerkungen wie: ›Schau, ist die fett!‹, gibt es ein wirkungsvolles Mittel. Antworten Sie fröhlich, nicht böse oder beleidigt, das wäre völlig verfehlt. Sagen Sie beispielsweise: ›Ja. Das ist doch schön, wissen Sie das noch nicht?‹« (S.217)

Welche Verhöhnung der Dicken doch hinter diesen Ratschlägen steckt! Nicht einmal der Ärger bleibt ihnen unbenommen! Seitenweise wird die Leserin mit Modetips, Schminkanweisungen usw. in äußerst autoritärem Ton überschwemmt. Seltsamerweise zeigen die Bilder im Buch Bohnenstangen und keine Pummel. Ist da ein Fehler passiert?

Wer sich verkaufen will, muß für sich werben. Und daß Frauen sich als Ware zu verstehen haben, sich zu günstigen Preisen an den Mann zu bringen haben, daran wird nicht gerüttelt. »Frauen sind wie Pralinen. Die Verpackung gibt ihnen einen Teil ihres Reizes.« (S.184) lautet die Devise eines beratenden Visagisten, die von den Autorinnen freudig zitiert wird. Das Selbstbewußtseinstraining ist eine Verkaufsstrategie: »Molligkeit – ein Markenartikel« (S.22). Ist erst das Äußere an größtmögliche Täuschungsmanöver gewöhnt, dann folgen die Seelenwerte schon nach. »Wir Molligen können und sollten es uns nicht leisten, unsere Vorzüge zu vernachlässigen. Das betrifft innere wie äußere Werte gleichermaßen. Wenn Sie schöne Augen haben, werden Sie sie durch eine gute Schminktechnik besonders hervorheben, und wenn Ihre Beine in hochhackigen Schuhen am besten zur Geltung kommen, werden Sie sich angewöhnt haben, Schuhe mit hohen Absätzen zu tragen. Und ebenso gewissenhaft sollten Sie Ihre menschlichen Qualitäten pflegen.« (S.237)

Ich möchte es kaum glauben, aber man kann noch tiefer fallen in diesem menschenverachtenden (meist speziell frauenverachtenden) Schacher mit Körpern, Leibern, mit Fleisch und Fett und Haut und Knochen: *Dick ist sexy* – mehr braucht eine Frau offensichtlich nicht zu sein. Dieses Buch von Buchanan/Sedgbeer ist in der absurden Darstellung der Frauenrolle eine Steigerung des vorangehenden.

Hat vorher die dicke Frau noch einen Beruf gehabt oder Ähnliches, so ist sie jetzt nur mehr im Bett zu finden. Dort liegen die Gründe und Auswirkungen der Figurprobleme zwischen zerwühlten Kissen, sonst nirgends. Die Dicke hat Angst vor ihrer Sexualität, weil sie zu sinnlich ist.

Diese Angst vor den Begierden, vor der möglichen Haltlosigkeit ist tatsächlich ein Stück des Puzzles, das zur Auflösung des Problems führt. Doch Buchanan/Sedgbeer versäumen es, die sexuellen Ängste in den gesellschaftlichen Rahmen, in Beziehung zu sexueller Unterdrückung zu setzen.

So bleiben ihre Interpretationen im besten Fall nichtssagend, im schlimmsten Fall sind sie Festschreibungen von frauenfeindlichen, sexistischen Haltungen. Zweifelt die Dicke an ihrer sexuellen Attraktivität, so wird sie davon geheilt, indem ihr die

Autorinnen in ungezählten Fallbeispielen versichern, daß es sich um bloße Hirngespinste, um unbegründete Ängste handelt. Männer werden in Massen aufgeboten um zu versichern, wie sehr sie dicke Frauen begehren. Wer unkt da, das sei nicht die richtige Basis für die Liebe zum eigenen Körper?

Für die Männer wird gehungert, ergibt eine Straßenbefragung. Und dabei gilt nach Ansicht der Autorinnen: »Die meisten Männer, mit denen wir gesprochen haben, finden dicke Frauen im Bett kuscheliger.« (S.31) Männer leiden unter dem Schlankheitswahn ihrer Frauen. Soll man's ihnen glauben? Denn da wird doch an anderer Stelle versichert, welch feine Sensoren sie für die Figurfehler der Frauen haben: »Der Arzt (spricht von Fettleibigkeit) bei zwanzig und mehr Pfund Übergewicht, die Männerwelt aber reagiert unterschiedlich. Für den einen Mann sind die zwanzig Pfund gerade erst hübsch mollig, für den anderen sind schon fünf Pfund über dem Idealgewicht zuviel und Grund, um an einer Frau herumzunörgeln.« (S.37)

Frauen haben keine Kriterien und in diesem Buch auch keine Gelegenheit, über ihren Körper, auf sich bezogen, zu reden. Sie dürfen ihre Fehler eingestehen, wenn sie die Bedürfnisse der Männerwelt mißverstanden haben und nun geläutert ihre sexuelle *Freiheit und Selbstsicherheit* zu Markte tragen.

Es erscheint schon kaum mehr verwunderlich, daß die Reifung zur Frau nach Ansicht der Autorinnen selbstverständlich mit einer Diät verbunden ist. »Wenn ein junges Mädchen soweit ist, sich am Kampf der Geschlechter zu beteiligen, schmilzt der Babyspeck leicht, wenn auch nicht ganz von selbst. Immerhin hilft das neugewonnene Selbstbewußtsein, die ersten Schlankheitsdiäten durchzuhalten.« (S.100)

Es sind also die Diäten, die den Unterschied zwischen Mädchen und erwachsener Frau ausmachen. Das heißt, das Bewußtsein des fehlerhaften Körpers hat die kindlich zufriedene Naivität zu ersetzen, damit die Frauenrolle eingenommen werden kann. Dieses Bekenntnis zur weiblichen Minderwertigkeit ist vielleicht nicht beabsichtigt, aber dafür überdeutlich.

Ich habe nun genug. Genug von der Verurteilung zum Hungern. Genug vom unsachlichen Umgang mit meinem Körper, der doch genau genommen den Körper verleugnet. Genug von den Anleitungen zu Anpassung und Selbstaufgabe. Doch noch glaube ich – wieso eigentlich? – an die Medizin.

Populäre medizinwissenschaftliche Broschüren

Dr.med Manfred Heide weiß die Masse der Unerträglichkeiten noch zu vergrößern. Er ist von der gesundheitlichen Gefährdung durch zu hohes Körpergewicht überzeugt. Um dieses Argument für eine Gewichtsreduktion noch zu verstärken, appelliert er an die moralische Verpflichtung des Einzelnen gegenüber dem Staat, sich zu bescheiden, keine ungerechtfertigten Leistungen in Anspruch zu nehmen, sich nicht am Wohlfahrtsstaat zu versündigen.

Krank ist gleich arbeitsunfähig. Fettsucht bedeutet Arbeitsunfähigkeit oder gar frühzeitigen Tod. »Die durch die Fettsucht verursachten Krankheiten und Leistungsminderungen bürden der Allgemeinheit erhebliche Kosten für Arzt, Arzneien, Krankenhaus, Heilverfahren, Arbeitsunfähigkeit und Renten auf.« (Heide, S.32) Die Dicken – eine Zumutung an die Gesellschaft! Ist es nicht so?

Dabei zeichnet Dr. Heide sie sonst eher als naiv kindliche, ein bißchen unpraktische Wesen. Er klassifiziert: »Da sind zunächst die sogenannten Genießer, die eine Freude an den kulinarischen Genüssen haben und diese Leidenschaft auch zugeben, im Gegensatz zu den Fettsüchtigen schlechthin. Neben diesen stehen die Fettsüchtigen, die dem Angebot an Nahrungsmitteln nicht widerstehen können (z.B. Kinder, Bierkutscher). Als Drittes werden die Esser aus Gewohnheit angeführt, die die Eigenart von Eßlust von ihren Eltern übernommen haben. Als vierte Gruppe sind schließlich die Menschen anzuführen, denen das Essen Ersatz für sonst unerreichbare Genüsse und Befriedigungen darstellt; zu ihnen zählen beispielsweise die Menschen mit dem ›Kummerspeck‹, sowie solche, bei denen der Sexualtrieb durch den Eßtrieb ersetzt wird, um nur einiges zu nennen.« (S.18)

Was kann ich daraus entnehmen?

Daß Kinder und Bierkutscher eine Gemeinsamkeit haben: die Unbeherrschtheit.

Daß Genießen ebenso dick macht wie Kummer.

Daß man sich an's Essen besser gar nicht gewöhnen soll (wie denn?).

Muß ich mich jetzt mit meinem Körper schuldig an der Gesellschaft fühlen, wo ich doch schon zu wissen glaubte, daß eben diese mich dick gemacht hat?

Dr. Heide bringt auch noch die Geschichte ins Spiel, um seine Argumente zu stärken. Er verweist, und ist dabei nicht der Einzige, auf antike Aussprüche als Beweis, daß er recht hat mit seinen Gesundheitsbedenken im Zusammenhang mit dicken Bäuchen.

Er zitiert biblische Warnungen vor der Unmäßigkeit, einen ägyptischen Papyrus und den römischen Arzt Cälius, die auf den Zusammenhang von übermäßiger Ernährung und Krankheit verweisen, und läßt Shakespeares Heinrich IV. drohend den Finger gegen die Dicken erheben. Aber ist es denn ein Beweis für eine Theorie, wenn schon vor Hunderten von Jahren solche Zusammenhänge proklamiert wurden? Was besagt es, wenn Dicksein *schon immer* als ungesund galt? Die Frage lautet doch eher: Was hat die Medizin in Hunderten von Jahren herausgefunden, wenn sie heute die gleichen Angstschreie ausstößt wie damals?

Vier Jahre nach Dr. Heides Broschüre bringt der gleiche Verlag ein Büchlein heraus: *Übergewicht. Was tun?* Prof.Dr.med. Tobiasch bemüht nicht mehr die griechische Antike. Er zitiert einen Arzt, der vor 50 Jahren die Dicken in solche, »die man beneidet, solche, die man belächelt, und schließlich solche, die man bedauert« (Tobiasch, S.12), einteilte. Die Zeit des Beneidetwerdens scheint für den dicken Bauch endgültig vorbei zu sein. Weder als Ausdruck für Sozialprestige noch für Gesundheit oder charakterliche Qualitäten scheint er mehr geeignet zu sein.

Ist es wohl angenehmer für die Dicken, bedauert oder belächelt zu werden?

Auch bei Tobiasch findet sich der seltsame Umstand, daß viele Gründe fürs Zunehmen erkannt werden, z.B. psychische Zustände, mit dem Rauchen aufhören, Schwangerschaft, Klimakterium usw., daß aber der Weisheit letzter Schluß beim Zuviel-, bzw. beim Weniger-Essen liegt. Zuviel Essen macht dick. »Die großen unfreiwilligen Experimente der beiden letzten Kriege (haben das) mit Deutlichkeit gezeigt.« (S.33)

Welche Ignoranz doch daraus spricht, Menschen einem einfachen Ursache-Wirkung-Schema zu unterwerfen, sie als rein physiologische Mechanismen zu beschreiben, deren einziges Problem zu viel oder zu wenig Nahrung ist und sich mit der Erklärung der daraus resultierenden Organfunktion zufrieden zu geben! Dieser Eindruck wird nur mäßig abgeschwächt, wenn psychischen und biographischen Momenten eine Auslöserfunktion eingeräumt wird, die Lösung des Problems aber unbeeinträchtigt von derartigen Einsichten von einer strengen unpersönlichen Diät, möglichst in einer Klinik, möglichst unter Ausschaltung des sozialen Rahmens, erwartet wird.

Endlich wird mir ein Lichtblick gegönnt. Petra Maders Broschüre zeigt den Blickwinkel, von dem aus die Dinge (wenn überhaupt) zurechtzurücken sind. Sie stellt die Beziehung zwischen Eßsucht, Eß-/Brechsucht, Magersucht und latenter Eßsucht als Erscheinungsformen süchtigen Eßverhaltens her. Der Schlüssel liegt also nicht beim Fett, dem mit Diäten zu Leibe gerückt werden muß, sondern bei der Sucht, bei den gesellschaftlichen und individuellen Bedingungen für eine süchtige Lebensweise, die bewältigt werden müssen.

Petra Mader hilft, die Vereinzelung aufzusprengen und verurteilt die Fülle nicht als individuellen Charakterfehler. »Bis wir erwachsen sind, haben wir gelernt, durch das, was wir essen, und wie wir essen, eine Vielzahl von Gefühlen und Stimmungen auszudrücken, oder uns zu verschaffen. Andererseits reagieren wir auf Gefühle und Stimmungen durch Änderungen unserer Essensweise.« (S.5)

»Für die Ausbildung individuellen Eßverhaltens jedoch sind gesellschaftliche Normen, familiäre Gepflogenheiten und persönliche Neigungen entscheidend. Von einem durch biologische Notwendigkeiten gelenkten Eßverhalten sind wir alle mehr oder weniger weit entfernt. Überspitzt gesagt: ein etwas gestörtes Eßverhalten haben wir alle.« (S.6)

Wir können also unser Eßverhalten nicht von sozialen und kulturellen Aussagen befreien. Wir können nur versuchen, für diese Beziehung eine Form zu finden, die den einzelnen Körpern und Menschen und der Gesellschaft besser bekommt. Sich ***natürlich*** zu ernähren, ist also keine physiologisch eindeutige Selbstverständlichkeit, sondern ein bewußtes, aufwendiges Vorhaben, das neben ernährungswissenschaftlichen Kenntnissen auch soziales und politisches Bewußtsein sowie die Analyse von gesellschaftlichen und individuellen psychischen Mustern erfordert.

Aber so einfach ist es nicht, sofort, aufs erste Ansehen hin, den Blick unter die Haut zu wagen, und vor allem die Konsequenzen auf sich zu nehmen, die, man wird es sehen, langwierige, weitreichende und oft angstmachende Bemühungen bedeuten. Noch erscheint es angenehm, sich Leuten anzuvertrauen, die den Menschen in praktikable Einzelteile zerlegen, die Assoziationen, Gedanken, Wünsche und Befürchtungen in eine kontrollierbare Richtung lenken. Solange ich an dem Glauben festhalten kann, daß es um meinen Bauch, meine Schenkel, die Kartoffelchips und den Sahnekuchen geht, solange kann ich mit einem Aufseufzen ***mein Leben*** scheinbar in Sicherheit bringen, schön von meinem Figurproblem getrennt halten, kann die Konfrontation mit mir und damit der Gesellschaft, auf ein allseits gut bekömmliches Maß reduzieren. Die Magenschmerzen kommen dann nachts.

Also, noch einige weitere Irrwege verlängern den Marsch, die aber – soviel muß man ihnen zugute halten – wenigstens die Selbstsicherheit stärken, eine ganze Menge von dem, was da geschrieben wird, einfach nicht zu glauben, oder, als nicht weiterführend, gut versteckt in den Bibliotheken zu belassen.

SUSIE ORBACH
Anti Diät Buch II
FRAUENOFFENSIVE
Caroline Buchanan
Sandra Sedgbeer
Dick ist sexy
Das Anti-Diät-Buch
Ullstein
Christiane Aliabadi
Wolfgang Lehnig
Wenn Essen zur Sucht wird
Ursachen, Erscheinungsformen und Therapie von Eßstörungen
Kösel
Feministische Therapie
Susie Orbach
Anti Diät Buch
Über die Psychologie der Dickleibigkeit, die Ursachen von Eßsucht
Frauenoffensive
Gestörtes Eßverhalten
Neuland-Verlagsgesellschaft mbH
Knaur
Margit Schönberger
Anita Höhne
Ein Plädoyer für die mollige Frau
Maja Langsdorff
Die heimliche Sucht, unheimlich zu essen
Fischer

DIE KÖRPER, DIE WIR SIND
Mit Leib und Seele leben
BELTZ
psychologie heute

DURCH DICK UND DÜNN
MIT TWIGGY FING'S AN
DIÄT: WANN IST FRAU FETT?
FRESSUCHT: EIN LEBEN ZUM KOTZEN
SCHWARZER: DÜNNE MACHEN!
BROWNMILLER: WER IST DIE DÜRRSTE IM WEISSEN HAUS?
BRIGITTE: ALLTÄGLICHER DIÄT-TERROR
SUSIE ORBACH: KÖRPERSPRACHE
LADY DI + JANE FONDA: MAGERSÜCHTIG
emma Sonderband 4

Christa Merfert-Diete/ Roswitha Soltau (Hg.)
FRAUEN UND SUCHT
Die alltägliche Verstrickung in Abhängigkeit
rororo

Jacques Moron
dick&dünn
DICK WIRD MAN NICHT VOM ESSEN
PSYCHOLOGIE HEUTE

rororo
MUND AUF AUGEN ZU
ESSEN ZWISCHEN LUST UND SUCHT

Wissenschaftlich – medizinische Untersuchungen

Nicht besonders hilfreich ist der Versuch von Freyberger und Strube, die psychosomatischen Aspekte der Fettsucht zu erhellen, also die seelischen Gründe des dicken Körpers zu erkunden. Sie untersuchen eine für Verallgemeinerungen wohl kaum geeignete Gruppe von besonders schwierigen fettsüchtigen Patienten, mit denen Allgemeinpraktiker nicht fertig geworden waren, die sie nicht von ihrem Fett hatten befreien können.

Die Analyse der Auslösesituation zeigt bei Frauen und Männern Beziehungen zur genitalen Sexualität. In der frühen Kindheit werden die Weichen gestellt. Bei den Patienten blieben »im Verlauf der frühkindlichen Periode die Ichbestrebungen vorwiegend zentripetal zur Mutter ausgerichtet, statt sich allmählich zentrifugal von der Mutter wegzuwenden. Das würde für die weiblichen Patienten bedeuten, daß bei ihnen während der frühkindlichen Periode anscheinend keine genügende Stimulierung derjenigen Ichbestrebungen stattfand, durch die gewöhnlich die zunächst aktive Zuwendung zum Vater mit der sekundär sich daraus entwickelnden weiblich passiven Einstellung erfolgt. Für die männlichen Patienten würde eine ungenügende zentrifugale Lösung von der Mutter bedeuten, daß die männlich-aktiven Entwicklungen dienende phallische Phase nicht in genügendem Ausmaß erreicht wurde.« (Freyberger/Strube, S. 565)

Das heißt also, die Patientinnen waren nicht weiblich, die Patienten nicht männlich genug.

Bei der Schematisierung der aktuellen Verhaltensmuster der Patienten und Patientinnen wird klar, wohin die Analyse führen soll: Bei den untersuchten Frauen finden die Autoren unvermitteltes Nebeneinander von pseudomütterlichen Elementen, männlich-aktiven Elementen und anklammernder, übermäßig abhängiger Kindlichkeit. Bei Männern stellen sie kämpferisch-drängende Elemente infantiler und puberaler Natur, passiv-feminine Elemente und die Vermischung von Aktivität und Aggressivität mit passiv-erwartenden Zügen fest. (S.566) Sie scheinen von einem unreflektierten geschlechtlichen Rollenbild, nämlich dem von weiblicher Passivität und männlicher Aktivität, auszugehen. Die Abweichung davon ist Krankheitsursache und -symptom gleichzeitig.

Skepsis ist angebracht bei dem, was weibliche Passivität und männliche Aktivität postuliert, ohne sich als Ideologie erkennen zu geben. Soll man den Autoren zugute halten, daß der Text schon 1963 veröffentlicht wurde?

Die therapeutischen Ansätze wären vollends entmutigend, hätte ich nicht sowieso schon den Verdacht, die Methode wäre nicht für mich gemacht, weil die zugrunde liegenden Geschlechtsstereotypen klarer Ausdruck einer patriarchalen Machtverteilung sind.

Dicke Frauen sollen ihre weibliche Passivität annehmen, also ihre Machtlosigkeit akzeptieren. Dicke Männer sollen ihre aktive Rolle übernehmen, also ihre Macht ausüben. Trotzdem setzt die Behandlung seltsamerweise bei einer Diät an. Erst im zweiten Schritt soll eine psychoanalytische Behandlung die verschobenen Geschlechterrollen wieder gerade rücken. Doch bei den meisten Patienten und Patientinnen ist dieser Versuch zwecklos, weil die »zu irreversibler Starrheit veränderte Eigenart ihrer seelischen Reaktionen und Leistungen« (S.577) das Scheitern vorprogrammiert.

Also unheilbar. Oder läßt mein wundes Selbstbild es zu, eine klare Grenze zu den *schwierigen Fällen* zu ziehen?

Keine Sorge, so schnell erlischt die Hoffnung nicht. Kapituliert die Psychoanalyse – nur scheinbar, nur in diesem Fall, muß zu ihrer Verteidigung gesagt werden – , so weiß vielleicht die Verhaltenswissenschaft weiter. Fettsucht als Verhaltensstörung?

Kirschner kennt die Schuldigen: »Die Dissoziation zwischen Hunger und Appetit als Zivilisationsschaden ist die Hauptursache der Fettsucht.« (Kirschner, S.63) Die Ansicht von Fettsucht als Zivilisationskrankheit darf nicht unkritisch übernommen werden. Widersprechen nicht die oft zitierten Warnungen griechischer und römischer Ärzte, die die Drohungen der heutigen Mediziner verstärken sollen, deutlich der Auffassung von Adipositas als Symptom der kranken spätkapitalistischen Überflußgesellschaft? Doch die Schlüsse, die Kirschner daraus zieht, nämlich, daß Fettsucht nach dem »sogenannten Erregermodell der Medizin« (S.60) nicht dauerhaft beeinflußbar ist, entsprechen den täglichen Erfahrungen. »Fettsucht ist das Symptom einer Störung im Regelkreis Mensch – Umwelt, der nicht funktioniert, nicht im Gleichgewicht ist.« (S.59)

Auswege sieht er in der Verhaltenstherapie, die allerdings nur ein rigides Kontrollschema zur Regelung von Zeit, Ort, Menge und Art der Nahrungsaufnahme anbietet, das selbst als Auswuchs einer dem Körper völlig entfremdeten Welt erscheint. Obwohl Kirschner frühkindliche Prägung, orale Fixierung, Untersuchungen über die Strukturen der Familien von Fettsüchtigen und Daten über den Unterschied der Persönlichkeitsstruktur von schon als Kind übergewichtigen und erst später fettsüchtig gewordenen Personen nennt, entwickelt er seine Vorstellungen von Fettsuchttherapie einseitig am Material rein verhaltenswissenschaftlicher Experimente über die auslösenden Reize für Hunger und Sättigung. Ausgangspunkt der Behandlung ist das Eßverhalten, das den Untersuchungen zufolge bei Adipösen sehr viel stärker von Außenreizen als von psychischen Impulsen geleitet wird.

Verblüffend ist wieder einmal, wie viele Erkenntnisse in die Therapiegestaltung keinen Eingang finden, z.B.: »Auch unsere Untersuchungen ergaben, daß das Selbstbild der Übergewichtigen in vielen Fällen keineswegs negativ ist und sich z.B. manche Frauen übergewichtig jünger, attraktiver und sexuell erlebnisfähiger einschätzen als bei Normalgewicht oder erst recht bei Idealgewicht.« (S.63) Doch es scheint, als wäre subjektive Körperwahrnehmung völlig irrelevant, wenn sie sich gegen die Postulate des theoretischen Ideals wendet.

Der Wunsch nach einfühlsamem Umgang mit dem Körper bleibt bei verhaltenstherapeutischen Maßnahmen auf der Strecke. »Ziel der Behandlung muß es aber sein, den Patienten (...) von der Fremdkontrolle zur Selbstkontrolle des Appetitverhaltens anzuleiten.« (S.64)

Das Verhalten muß kontrolliert werden. Daran ist nicht zu rütteln. Der anscheinend größte Vertrauensbeweis, den der Arzt einem Patienten anbieten kann, ist, ihm die Kontrolle selbst zu erlauben. Nicht das Wahrnehmen eigener Gefühle wird dem Patienten gestattet, sondern das Erlernen strenger Regeln, nach denen er Belohnung oder Bestrafung nun selbst vornehmen kann, produziert ihm ein Korsett, in dem er sich dann *frei* und *geheilt* bewegen darf.

Kann es ein sinnvolles Therapeutikum sein, genau die problematische Außenreizabhängigkeit zu verstärken, indem das Leben des Patienten mit einem Netz von starren Normen überzogen wird? Der Fähigkeit, den eigenen Körper, die eigenen Bedürfnisse wahrzunehmen, einem zentralen Problem der Dicken, kann diese Methode natürlich nicht dienen. Eher verstärkt sie die Abhängigkeit, ersetzt einen alten Götzen durch einen neuen. Das Spektrum verhaltenswissenschaftlicher Maßnahmen reicht von Ratschlägen, wie: »Legen Sie nach jedem Bissen das Besteck aus der Hand, und nehmen Sie es wieder auf, wenn Ihr Mund leer ist. Zählen Sie vor jedem Zugriff nach einer neuen Portion bis 60, und kneifen Sie sich inzwischen in Ihre Speckfalten.« bis zu der haarsträubenden Methode, »Eßversuchungssituationen mit unangenehmen Folgeerscheinungen des Zuviel- Essens, zum Beispiel von Übelkeit, auf der Vorstellungsebene zu koppeln.« (S.65)

Kann das so gemeint sein, daß für den Rest meines Lebens jede Frittenbude, jede Konditorei, jedes kalte Buffet Magen und Hals vor Übelkeit zusammenkrampfen sollen? Kann es so gemeint sein, daß ich mich von dem Schreckbild meiner Speckfalten, deren ich mich vor jedem Bissen vergewissern soll, vom Tisch jagen lassen soll? Wenn ja, dann kann diese *Therapie* nur ein Beitrag zur Problemverlagerung sein. Die sozialen Schwierigkeien, die Ängste, Hemmungen und Unfreiheiten treten im Gewand der Verhaltensvorschriften wieder auf.

Wieder findet, wer gründlich sucht, eine Lossprechung von der Verurteilung zu Ekel und Selbstverachtung. Sie wachsen üppig und vielgestaltig. Diesmal bietet mir Ain Kompa die Hypomotilitätshypothese an, um dem Problem (nicht zu) nahe zu kommen.

Fettleibigkeit entsteht durch eine Unausgewogenheit der Energiebilanz, das heißt, es wird mehr Energie aufgenommen als verbraucht. Ob die Dicken nun allerdings zuviel essen oder sich zuwenig bewegen, ist verschiedenen Untersuchungen zufolge nicht eindeutig. Kompa neigt zu der These, »daß zumindest in den industrialisierten Nationen die Übergewichtigkeit sehr stark mit mangelnder körperlicher Aktivität zusammenhängt. Dagegen hält sich die Kalorienzufuhr von adipösen Personen im Rahmen des durchschnittlichen, auch von schlanken Personen erreichten, Quantums.« (Kompa, S.150f)

Um nun auch anderslautende Erkenntnisse in diese Theorie einbeziehen zu können, unterscheidet Kompa eine dynamische Phase, in der durch übermäßiges Essen der Speck aufgebaut wird, und eine statische Phase, die durch eher unterdurchschnittliche Nahrungsaufnahme aber auch sehr geringen Energieverbrauch gekennzeichnet, ist. Als Problem erscheint nun die körperliche Faulheit. Ich brauche mir also doch nicht jeden Bissen aus dem Mund ekeln zu lassen.

Aber es ist mir nicht gestattet, mich auf diesem Fund auszuruhen, abgesehen davon, daß das *Ruhen* die Theorie bestätigen würde.

Der Ernährungsbericht 1976 zeigt schonungslos die Verflechtung, die kaum auflösbaren Verbindungen, die sich ihre Opfer heranziehen: »Zugespitzt kann man sagen, die ganze Lebenswelt des Menschen ist gleichsam in der täglichen Nahrung versteckt, d.h. Essen und Trinken spiegeln das gesamte gesellschaftliche Leben im Kern wieder.« (Ernährungsbericht, S.397)

Eine Graphik zeigt in wissenschaftlicher Kompliziertheit, was jedem klar ist, der eine ernsthafte Analyse im Sinn hat: Das Problem liegt nicht im Stoffwechsel allein, nicht im Eßverhalten und nicht nur z.B. in der frühkindlichen Psyche. Unzählige Faktoren bilden in unterschiedlicher Gewichtung die Grundlage von Übergewicht und Eßsucht. Nicht im kleinsten biochemischen Detail liegen also die Lösungsmöglichkeiten, sondern die Ganzheit der Person und der Gesellschaft ist gefordert. Doch nun ist Vorsicht angebracht. Begräbt nicht bald der Bücher- und Theorienberg meinen Leib unter sich? Schon weit habe ich mich entfernt vom Glauben an die Macht der Diät, von der Gewißheit des ungetrübten schlanken Glücks. Will ich an diese schwer durchschaubaren Verschlingungen überhaupt rühren? Vielleicht ist es doch erträglicher, der Körpermaschine gewisse Mängel anzulasten und an einfachen Reparaturverfahren zu arbeiten.

Zum Beispiel mit Volker Pudel (1985) an der Thermostatischen Theorie, die besagt, daß die Energieaufnahme des Organismus vom Wärmebedarf bestimmt wird. Oder der Glukostatischen Theorie, die den Kohlehydratstoffwechsel für die Kurzzeitregulation der Nahrungsaufnahme verantwortlich macht. Oder der Lipostatischen Theorie, die annimmt, daß die langfristige Regelung der Nahrungsaufnahme durch den Energievorrat, das ist hauptsächlich das Fettdepot, erfolgt. Oder der Amnostatischen Theorie, die den Schlüssel in der Zusammensetzung der Aminosäuren sieht. Oder an Theorien, die auf der Bedeutung der Leber, der Hormone, des Kauprozesses, der Magenentleerung basieren.

Es fällt mir schwer, meine ganze Person solchen Anschauungen zuzuordnen. Auch die Set-Point-Theorie, die den Reigen in diesem Fall abschließt – sie entzieht den Idealgewichtstabellen das Vertrauen und spricht vom biologischen Gleichgewichtszustand – und warmherzig jedem Einzelnen seine Individualität zugestehen möchte, kann das Dilemma nicht lösen, weil außer ihrer eigenen Logik noch nichts sie beweisen kann. (alles: Pudel 1985)

Immerhin ein Hoffnungsschimmer!

Aber warum braucht es überhaupt medizinische Legitimationen, um den eignen Körper, so wie er ist, unbehelligt spazierentragen zu können? Ist nicht schon dieses sich Klammern an jede Erklärung ein Auswuchs der Willkür, die den Dicken das Leben schwer macht? Vor allem die letztgenannten Bücher (Kompa, Ernährungsbericht 1976, Pudel 1985) scheinen vielleicht auf den ersten Blick objektive medizinische Fakten zu verbreiten, gegen die eigentlich nichts einzuwenden sein kann. Doch ich kreide ihnen an, daß sie den Körper und sein Verhalten schematisieren, mit Namen und Zahlen versehen, dabei aber den lebenden menschlichen Körper in seinen vielschichtigen physischen und psychischen Fähigkeiten, Funktionen und Sinngebungen nicht einmal erwähnen, geschweige denn ihre Überlegungen darauf aufbauen.

Ein anderer Zugang: Erfahrungsberichte und Gedichte

Dichter betrachten den Menschen anders als Wissenschaftler. Sie kennen zwar meist wenig Details über Herz und Lunge, Magen und Haut, aber sie machen oft kompetentere Aussagen über die Menschen und ihr Leben, weil sie mit schweifendem Blick beobachten, sich einfühlen und berühren lassen. Die folgenden Bücher sind eine Mischung aus Erfahrungsberichten, gezielten Analysen und künstlerischer Aufarbeitung.

Mich gibt's nicht oder: Wider die Eindeutigkeit

Ich bin dick
ich esse aus allen Gründen
in allen Situationen und Zusammenhängen
und manchmal stundenlang gar nichts.

Ich esse langsam und schnell
genieße oder schlinge hinunter
schlemme und manchmal
habe ich gar keinen Appetit.

Ich bewege mich gern und viel
schwimme tanze singe und nehme immer
zwei Stufen auf einmal
und manchmal bin ich auch bequem

Dicke dagegen
ja Dicke die schlemmen nur
sind auch faul und nur bequem
essen aus allen Gründen,
in allen Situationen und Zusammenhängen

und niemals
gar nichts. (Bick, S.83)

Literatur und Poesie verheißen nicht nur ein schönes Gewand für das lästige Leiden, sie sind näher dran am eigenen Problem, an den Gefühlen, Empfindungen, Ängsten und Wünschen, und damit können sie, zwar nicht explizit, Erklärungen und Lösungsansätze ansprechen.

Der Unterschied zwischen tagebuchartigen Berichten und Gedichten ist in dem Zusammenhang nicht so groß und bedeutend. Martina Bick schreibt in einer Tagebucheintragung: »Wollust verströmen sie, die dicken Frauen, warme, weiche Vertrautheit, Harmonie und Verstehen, was ist daran widerwärtig? Was ist eklig an einem wogenden Gang, an Rundungen und flächigem Rosa? Welche perverse Gesellschaft predigt ein Schönheitsideal, das die Frauen nur superschlank, hohlwangig, knochig sein läßt? Und, und das ist das Entscheidende, wer beugt sich diesem Ideal, macht mit und denkt, es sei natürlich?« (S.8)

Versagen

Ich trage mein Versagen auf der Hüfte
und euer Blick trifft durch alles Fett
mitten auf mich

Ich kann euch nicht antworten
euer Versagen
ist gut versteckt.
(Bick, S.22)

Ein Gedicht ist nicht direkt als Therapie umsetzbar. Ist das ein Mangel? Ein Gedicht spricht mich dort an, wo ich dick bin. In mir, in meiner Verletzlichkeit.

»Denn dick ist man nie allein, ist man immmer zusammen mit den Blickken und Kommentaren anderer Leute. Abschätzigen Blicken, urteilenden, herabwürdigenden, spöttischen. Und mit den Kommentaren, von denen keiner weiß, was sie ausrichten unter der Haut, hinter der Maske.« (S.13)

Astrid Arz und Barbara-Maria Kloos weisen ermutigend die Richtung: »Lustvolles Essen hängt mit dem Akzeptieren der physischen Bedürfnisse und den daraus resultierenden Körperformen eng zusammen; deshalb ist es wichtig, daß wir den Körper mögen, der aus unserer Lust entstanden ist: den molligen, knuffigen, weichen Körper, der eine Wärme ausstrahlen kann, die auf den verbissenen Gesichtern derer, die ununterbrochen um die richtigen Körper- und Verhaltensformen kämpfen, bestimmt nicht mehr abzulesen ist. Wir müssen nicht drahtig und angespannt sein wie Hochleistungssportler. Wir können genausogut ausdrücken: Ich laß mir nicht in mein Leben dreinreden. Ich will auch mal genießen und nicht durch ständigen Verzicht und Selbstkasteiung jedes Klassenziel erreichen. Unser Körper kann eine Freiheit ausstrahlen, die auf Forderungen von Werbung und Wirtschaft einfach pfeift. Mit runderen Formen buhlen wir nicht um Streicheleinheiten, die keinen Pfifferling wert sind. Wir verzichten auf Schnalzen, Pfeifen, Rufen, Anmachen, Kneifen auf der Straße. Wir verzichten darauf, uns auf jeder Waschmittel- und Zigarettenreklame ausgezogen wiederzuerkennen.« (Arz/Kloos, S.105)

Feministische, psychoanalytische, emanzipatorische Texte

Die Antidiät-Bücher von Susie Orbach erlauben die volle Ehrlichkeit (und verlangen sie auch). Ich finde meine Problem in meiner Sprache benannt. Ich finde ernstgenommen, was sonst gegen mich verwendet wird. »Fettleibigkeit hat nichts mit mangelnder Selbstbeherrschung oder mangelnder Willenskraft zu tun, sondern mit Schutz, Geschlecht, Genährtwerden, Stärke, Beschränkung, Bemuttern, Substanz, Geltung und Wut. Sie ist eine Reaktion auf die Ungleichheit der Geschlechter.« (Orbach 1984, S.15)

Susie Orbach stellt eine feministische Psychotherapie vor, die die Mängel der traditionellen Psychoanalyse überwindet. In der Psychoanalyse ist »Übergewicht von Frauen als ein Symptom von Zwanghaftigkeit im Zusammenhang mit Loslösung, Selbstfindung, Narzißmus und unzureichender Ich-Entwicklung diagnostiziert worden. Übergewicht wird als Abweichung angesehen und als gegen den Mann gerichtet. Übermäßiges Essen und Korpulenz sind als Charakterfehler interpretiert worden und wurden nicht als Ausdruck leidvoller Erfahrungen verstanden.« (S.14)

Diese Sichtweise von Übergewicht als Charakterfehler blendet die gesellschaftliche Dimension des Problems völlig aus. Die Schuld an den unförmigen Körpern wird als individuelles Versagen den einzelnen Frauen in die Schuhe geschoben.

»Vom feministischen Standpunkt aus stellt das Dicksein einen Versuch dar, sich von den gesellschaftlichen Geschlechtsstereotypen zu lösen. Dickwerden kann also als eine sehr eindeutige, entschlossene Handlung angesehen werden; es stellt, bewußt oder unbewußt, eine Herausforderung an die Festlegung auf eine geschlechtsspezifische Rolle und eine von Kultur und Gesellschaft definierte Erfahrung des Frauseins dar.« (S.14f)

Dickwerden ist in diesem Sinne eine Ausdrucksform der Ohnmächtigen. Kein bewußter, aktiver Widerstand natürlich, aber eine sichtbare Manifestation von Ungleichheit, Unterdrückung und Sprachlosigkeit.

Die Mutterrolle und besonders das Mutter-Tochter-Verhältnis erweisen sich nach kundiger Analyse als Ansatzpunkte, um der Fettleibigkeit sowohl als Symptom als auch Problem die Unerklärlichkeit zu nehmen.

Die Mutterrolle »bringt es mit sich, daß Frauen einem besonders großen Druck hinsichtlich der Ernährung und des Essens ausgesetzt sind«. (S.18) Obwohl die Ernährung der Kinder, der Familie, Aufgabe der Frau ist, wird sie nie als Expertin in diesem Bereich angesehen, sondern von Tausenden sich widersprechenden Ratschlägen und Vorschriften von Ärzten, Ernährungsexperten, Lebensmittelherstellern u.a. bevormundet und ihren eigenen Vorstellungen entfremdet. »Kein Wunder«, so Susie Orbach, »daß Frauen einfach das Vertrauen in ihre eigenen Impulse verlieren und nicht mehr wagen, bei der Ernährung ihrer Familie den eigenen Regungen zu folgen, oder sich nach ihren eigenen Bedürfnissen zu richten, wenn sie selber essen.« (S.19) Im Verhältnis von Mutter und Tochter wird Essen leicht zum Medium, an dem sich Macht, Abhängigkeit, Anpassung oder Auflehnung manifestieren: »Die Welt, mit der die Mutter ihre Tochter vertraut machen muß, ist eine Welt ungleicher Beziehungen zwischen

Eltern und Kind, Autorität und Machtlosigkeit, Mann und Frau.« (S.22)

Für die Tochter verhängnisvoll wird der Umstand, »daß die Mutter, um ihre Tochter auf ein Leben voller Ungleichheit vorzubereiten, alle Wünsche ihres Kindes unterdrückt, die darauf abzielen, daß sie ein starkes, autonomes, energisches und produktives menschliches Wesen wird, das eigene Entscheidungen trifft«. (S.22) Stattdessen lernen Frauen für andere zu sorgen, ihre persönlichen Wünsche zugunsten anderer zurückzustecken. Das Gefühl für eigene exakte Grenzen ihrer Person bleibt ihnen meist vorenthalten.

»Für zwanghaft Essende hat Fettleibigkeit eine große symbolische Bedeutung, die im feministischen Kontext aufschlußreich ist. Fettleibigkeit ist eine Antwort auf die vielen Fälle von Unterdrückung in einer sexistischen Kultur. Fettleibigkeit ist eine Möglichkeit, ›nein‹ zu Machtlosigkeit und Selbstverleugnung zu sagen, zur Einschränkung von Ausdrucksmöglichkeiten, die von Frauen ein bestimmtes Aussehen und Verhalten verlangt und zu einem Frauenbild, das sie auf eine bestimmte gesellschaftliche Rolle festlegt. Dicksein bedeutet Angriff auf die westlichen Ideale von weiblicher Schönheit, und durch jede ›übergewichtige‹ Frau werden die Möglichkeiten der Medien unterlaufen, uns zu reinen Objekten zu machen. Fettleibigkeit ist auch der Ausdruck der Spannungen in der Mutter-Tochter-Beziehung, der Beziehung, die zur Feminisierung der Mädchen dienen soll. Diese Beziehung muß sich in einer patriarchalischen Gesellschaft als schwierig erweisen, denn sie fordert von den Müttern, die sowieso unterdrückt sind, daß sie als Lehrerinnen, Wegbereiterinnen und Erfüllungsgehilfen der Unterdrückung dienen, der ihre Töchter durch die Gesellschaft ausgesetzt werden.« (S.28)

Doch die Gründe, die einmal dazu geführt haben, daß eine Frau dick wird, können ganz andere sein, als diejenigen, die jetzt dem Fett seine Bedeutung geben. »Entscheidend ist«, so Orbach, »daß Eßsucht mit dem Wunsch verbunden ist, dick zu werden.« (S.30) Das sind natürlich keine bewußten Wünsche, doch in der Analyse enthüllt sich ein vielfältiges Geflecht von positiv und negativ besetzten Werten des dicken und des schlanken Zustands. Dicksein kann Stärke und Wichtigkeit symbolisieren, kann den Wunsch nach Anerkennung im Beruf enthalten, kann aber auch die Angst vor Erfolg im Beruf und in der Liebe kanalisieren, kann beängstigende Konkurrenzgefühle überdecken und kann der verhinderte Ausdruck von Wut sein. Viele Frauen »fühlen sich viel sicherer, wenn sie ihren Mund zum Essen anstatt zum Sprechen benutzen, sie stellen sich vor, daß ihr Dicksein für sie eine Erklärung abgibt, wenn es ihnen vor lauter Leiden die Sprache verschlägt«. (S.48)

Sehr viele Eigenschaften und Fähigkeiten werden irrtümlich an der Fettschicht festgemacht. Der Verlust derselben muß daher die Person gefährden. »Das Dicksein hat für Eßsüchtige eine Schutzfunktion; Schlanksein erscheint als etwas Beängstigendes – die Frau ist gerade den Dingen ausgesetzt, denen sie durch ihr Dicksein eigentlich entgehen wollte.« (S.63) Die Eigenschaften, die angeblich das Fett besitzt, müssen als persönliche, eigene Fähigkeiten erkannt und angenommen werden, damit das Symptom Eßsucht überwunden werden kann.

»Wenn wir die Macht des Fettes übernommen haben«, so Susie Orbach, »dann können wir es hinter uns lassen.« (S.61)

Christiane Aliabadi und Wolfgang Lehnig finden teilweise sehr ähnliche Erklärungen für das Symptom Fettsucht, doch beziehen sie sich nicht auf die grundlegende Abhängigkeit der Frau in einer patriarchalischen Gesellschaft.

Nach der grundsätzlichen Aufteilung in Fettleibige und Fettsüchtige werden die Kennzeichen des neurotischen Symptoms hervorgehoben: »Das Essen (spielt) eine zentrale Rolle und ist immer konfliktgeladen. Es tritt einerseits an die Stelle von notwendigen Handlungen und dient der Befriedigung verschiedenster Bedürfnisse. Andererseits scheint das Übergewicht auch eine bestimmte Funktion zu haben, die individuell herausgearbeitet werden muß.« (S.32)

»Für das Ausmaß des Leidens ist hierbei nicht wichtig, ob erhebliches Übergewicht besteht, ob es nur ein paar Pfund zu viel sind, oder ob derjenige sogar sein Idealgewicht hat. Wesentlich ist, daß das Verhältnis zum Essen und zum eigenen Körper in irgendeiner Weise gestört ist.« (S.33)

Der dicke Körper ist die sichtbarste Form des Leidens. Auch der magere ist erkennbar. Doch das Kriterium des zwanghaften, mit Bedeutungen, Ängsten und Wünschen überladenen Essens trifft auch für eine Unzahl unauffälliger, *idealer* Körper zu. Wer gegen das Maßband und den Zeiger der Waage ankämpft, wer Kalorien zählt, statt hungrig oder satt zu sein, wer Gefühle mit Leere oder Völle im Magen gleichsetzt, der lebt vielleicht mit Idealfigur, aber doch mit dem Stigma der Dicken, auch wenn niemand außer ihm selbst es weiß.

Fettsüchtige können das Essen dazu verwenden, vor ihrer Entscheidungslosigkeit, die aus der Unfähigkeit, eigene Gefühle, Wünsche und Bedürfnisse adäquat wahrzunehmen, entsteht, zu fliehen. »Es bedeutet für sie zunächst eine Möglichkeit, die Entscheidung für eine Weile hinauszuzögern.« (S. 39) Das Selbstbild, das ständig die Qual der Gegenüberstellung mit unrealistischen Idealen ertragen muß, zieht sich zurück in den engen Kreis, den die Gedanken hartnäckig ums Essen ziehen. »Die Gefahr, sich klein, unzulänglich und unterlegen zu fühlen, besteht für diese Menschen praktisch überall: in der Sexualität, im Umgang mit Menschen, im Beruf, in Bezug auf den Partner, in der Kindererziehung. Entwickeln sie nun einen Eßzwang und sind somit extrem in Anspruch genommen, werden selbst geringe Leistungen fast zu Heldentaten, denn was unter derart erschwerten Bedingungen trotzdem noch geschafft wird, zählt ja viel mehr – wie groß wären ihre Leistungen erst ohne diesen Zwang?« (S.165) Fettsüchtige Menschen fürchten die Anstrengungen des Konkurrenzkampfes, doch sie erlauben sich keine Zufriedenheit mit einem mittelmäßigen Platz. »Wenn sie schon nicht der Größte, der Beste, der Gescheiteste sein können, dann wollen einige eben der Armseligste, der mit dem schwierigsten Fall, der mit dem kompliziertesten Leiden sein.« (S.106)

Sie sind auf die Beachtung ihrer Person angewiesen, weil sie sich selbst viel zu wenig Wert beimessen. »Die Verachtung dem Dicksein gegenüber ist aber nur das Symbol für alles, was Fettsüchtige an sich verurteilen und schlecht finden. Viele geben zu, daß die Scham darüber, daß sie in ihrem Innneren häßlich und unangenehm sind, viel größer ist.« (S.143)

Ihren Körper lassen sie diese Verweigerung aussprechen, die in Worten zu sagen sie sich nicht gestatten.

Wie jede Neurose hat auch die Fettsucht einen kulturspezifischen Hintergrund, vor dem sich ihre verschiedenen Formen entfalten.

Das Suchtmittel der Eßsüchtigen ist bei uns im Überfluß vorhanden und überall, jederzeit und relativ unauffällig aufzutreiben. Es ist ein klarer Hinweis auf die Bedingungen der Konsumgesellschaft. Die Alltäglichkeit und Unauffälligkeit des Essens ist ein zweiter Hinweis auf die Hintergründe dieser speziellen Sucht: Sie ist kein spektakulärer Fluchtversuch, kein auffälliger Bruch mit Lebensgewohnheiten und Umgangsformen, sondern der tagtägliche Versuch, den gesellschaflichen Normen im Äußeren, in der Leistung, im Verhalten zu entsprechen, also ein Versuch der Anpassung, ein Versuch, die Widerstände im Geheimen zu verbergen. Und Fettsucht ist ein Ergebnis der Kommunikationsmängel in den meisten sozialen Zusammenhängen. Das Fett bzw. das Essen müssen Aufgaben der Sprache übernehmen.

Christa Merfert-Diete präzisiert in der Sondernummer *Psychologie heute* die unterschiedlichen Ansprüche, die das Essen, wenn es das einzig mögliche Ausdrucksmittel geworden ist, erfüllen soll. »Die Art der Anpassung unterscheidet die einzelnen Eßstörungen voneinander.« (S.88)

»Als Magersüchtige dokumentiere ich: ›So nicht!‹ Ich lehne mich gegen das Frauenbild in der Gesellschaft auf, so, wie ich es persönlich verkörpern soll. Die bulimischen Frauen versuchen sich einerseits ganz stark dem Schlankheitsideal anzupassen, andererseits haben sie aber auch etwas auszukotzen, nämlich ihren Ärger und ihre Wut darüber, was sie da mit sich machen lassen. Die Fettsüchtigen schaffen diese Auflehnung gegen die gesellschaftliche Norm nicht. Im Gegenteil: Das viele Fett, das sie um sich herumpolstern (...), bedeutet: Ich beschwere mich, ich binde mich fest.« (S.88)

Die verschiedenen Formen der Eßsucht und die Körper, die daraus entstehen, zeigen sich nun als Abstufungen derselben Verhaltensweise. Protest, Ärger, Unzufriedenheit, Wut oder Angst suchen nach einem Ausdruck, den sich Eßsüchtige in direkter Kommunikation nicht erlauben. Die Orientierung an gesellschaftlichen Regeln und Erwartungen bleibt aber bestehen. Übererfüllung der Norm durch die weitgehende Nahrungsverweigerung der Magersüchtigen oder Verweigerung und völliges Fehlen der Selbstkontrolle bei den Dicken sind daher nicht weit voneinander entfernt.

Ich bin also bei feministisch-psychoanalytischen Modellen gelandet. Man erkennt klar: Das war mein Ziel. In einem relativ geschlossenen und kompletten Bild vom Menschen, das die patriarchale Machtverteilung nicht länger zementiert, kann ich mich und meinen Leib vereint finden.

Es wird also nicht mehr nur mein Körper mit Medikamenten und Verhaltensvorschriften traktiert, sondern meine ganze Person, mein ganzes Leben werden unter der Kruste des körperlichen Symptoms freigelegt. Ich werde auch nicht mehr zur Randerscheinung gestempelt, zur unwürdigen Existenz, die persönlich in der geforderten Rolle versagt, sondern es wird anerkannt, daß ich mit meinem Körper und meiner Psyche ein Problem dieser Gesellschaft austrage.

Je mehr das Lesen und Denken die Hintergründe des Dickseins umfaßt, desto stärker entfernt es sich von der äußeren Form des dicken Körpers. Nicht, weil die Erklärungen an Konkretheit oder Kontur verlieren, sondern weil zu erkennen ist, daß die charakteristischen Linien durchaus nicht dem oberflächlich sichtbaren Umriß entsprechen.

Das Zerstören der weiblichen Figur in der Angst vor den daran gebundenen Konsequenzen, das wohl Ausgangspunkt der meisten eßsüchtigen Verhaltensweisen ist, wird – so Maja Langsdorff – auf verschiedenen Wegen erreicht. »Das Resultat ständigen Hungerns ist eine knabenhafte, konturenlose Neutralität der Figur, das des ungezügelten Essens die Verhüllung der weiblichen Formen bis zur Unkenntlichkeit durch das angelegte Fettdepot unter der Haut.« (S.81) Doch beides basiert auf einer ähnlichen Fehlannahme: »Im Fehlglauben an die Macht, mit der Figur die Umwelt manipulieren zu können, regulieren Dicke und Dünne ihre Konflikte mit dem Essen und formulieren ihre Ansprüche an die Außenwelt mit der Figur.« (S.94)

Maja Langsdorff beschreibt hauptsächlich die Bulimarexie, bei der in oft täglichen Freßanfällen Unmengen verschlungen und anschließend absichtlich wieder erbrochen werden. Das ist die Form der Eßsucht, die am wenigsten Aufsehen erregt, die Frauen mit gefälliger Idealfigur erzeugt. Doch an dem Punkt, an dem sich der kontrollierte Umgang mit Nahrungsmitteln zur Sucht steigert, sind die Unterschiede nivelliert.

Langsdorff schreibt: »Dort wo sich im Denken einer Frau die Funktion des Essens in der Wertigkeit über die der Ernährung und des Genusses hinaus verselbständigt und zu einem stetigen Konzentrationspunkt, ja sogar Mittelpunkt des Denkens wird, beginnt die Spirale, die unweigerlich in den Suchtkreislauf führt.« (S.31f)

Diese Konzentration auf das Essen wird verstärkt durch das extreme Verschwimmen differenzierter Körperwahrnehmungen. Christiane Aliabadi und Margarethe Daub haben festgestellt, daß eßsüchtige Frauen nicht spüren, »daß ihnen kalt ist oder daß sie müde sind oder unbequem und verspannt dasitzen. Auch Durst wird nicht erkannt und deshalb viel zu wenig getrunken. Was sie spüren, ist ein diffuses Unbehagen, das als Hunger oder Appetit interpretiert wird.« (Aliabadi/Daub, S.61)

Was als offene Wunde vor uns liegt, wenn der Körperpanzer durchstoßen ist, ist die Sucht. Sucht, die in abhängigen Lebensverhältnissen als einziger Ausweg erscheint. Eine Sucht, für die Frauen, weil sie fast immer ihr Leben in Abhängigkeitsverhältnissen verbringen, prädestiniert sind. Eine spezielle Sucht, zugeschnitten auf die Rolle, die Frauen in der Gesellschaft spielen. Ein spezielles Suchtmittel, für dessen Gebrauch Frauen erzogen werden.

Deshalb gilt nach Roswitha Soltau für alle Theorien: »Jedes Erklärungsmodell bzw. Abhängigkeitsverhältnis, das sich nicht um den gesamten Entwicklungszusammenhang bei der Entstehung und Auflösung von Sucht von Frauen kümmert und nicht darauf konkrete Handlungsalternativen aufbaut, wird selbst zum Bestandteil des beschriebenen Abhängigkeitskreislaufs.« (Soltau, S.22)

Natürlich hätte ich bei jeder der kritisierten Theorien auf das Fünkchen Wahrheit hinweisen können, um das auch die Schlimmsten der Sorte nicht herumkommen. Ich hätte z.B. in der Beurteilung berücksichtigen können, daß sie aus dem Augenwinkel etwas von der gesellschaftlichen Bedeutung sehen, auch wenn sie den Blick nur auf das individuelle Versagen richten. Doch ich bin diesen Modellen, die Unwissenheit und Abhängigkeit zementieren, nicht wohlgesonnen.

Ich beharre darauf, daß lediglich die feministischen und emanzipatorisch-psychoanalytischen Erklärungsansätze tatsächlich an die Dicken selbst gerichtet sind und nicht an diejenigen, die Interesse am unmündigen, unselbständigen Verhalten von Frauen haben.

Dicksein ist also kein Problem, das mit einer Diät allein gelöst werden kann, weder individuell noch gesellschaftlich. Dicksein ist eine Reaktion auf sehr unterschiedliche Lebensbedingungen und entzieht sich einer linearen Ursache-Wirkung-Logik. Die Untersuchungen von Orbach und Aliabadi/Lehnig zeigen das breite Spektrum der Bedeutungen auf. Es lassen sich zwar aus dieser Fülle auch allgemeine Merkmale herausfiltern, die das Dicksein in unserer Kultur und unserer Zeit kennzeichnen, aber sie sind nie allein ausschlaggebend für den Einzelnen, und an anderen Orten und zu anderen Zeiten kann dasselbe Erscheinungsbild andere Ursachen, andere Bedeutungen und andere Wirkungen haben.

Heute und hier hat Dicksein auf jeden Fall etwas mit Unterdrükkung, Ohnmacht und Unselbständigkeit zu tun, wie die psychoanalytischen Untersuchungen eindeutig zeigen.

Selbstverständlich essen oder trinken dicke Menschen mehr als nötig, oder sie haben es einmal eine Zeitlang getan, aber das gehört nicht zu den Ursachen, sondern ist Folge von psychischen und sozialen Konstellationen der Abhängigkeit, der Ungleichheit.

Die Machtlosigkeit der Frau in der patriarchalen Gesellschaft ist Grund dafür, daß der dicke Körper stärker ein Frauen- als ein Männerproblem ist, und zwar nicht nur in dem Sinn, daß Frauen häufiger dick sind, sondern daß der Körper für sie ein Problem ist.

Der dicke Körper tritt hier hinter dem allgemein problembeladenen Körper zurück, und das ist richtig so, denn *dick* ist, so wie es in sozialen Zusammenhängen gebraucht wird, nur ein vereinfachendes Kürzel. Wenn spindeldürre junge Frauen darüber klagen, daß sie zu dick sind, wenn Leute sich ein Leben lang kasteien, um eine magische Marke auf der Gewichtsskala ja nicht zu überschreiten, dann liegt doch auf der Hand, daß hier etwas versteckt wird: eine Unsicherheit und Körperfeindlichkeit, die kaum einen Körper ausläßt, auch nicht die *idealen*.

Daß keine Therapie Erfolg haben kann, die bei den Äußerlichkeiten, also dem Fett, dem essenden, unförmigen, unbeweglichen Körper ansetzt, ist wohl mittlerweile klar. Es geht um Emanzipationsprozesse auf verschiedensten Ebenen, um das Sprengen von Geschlechterklischees und Rollenstereotypen, um den Kampf gegen entfremdete Arbeit, um Auflehnung gegen Kommunikations- und Beziehungslosigkeit.

Der dicke Körper verletzt, äußerlich betrachet, die ästhetischen Normen unserer Gesellschaft nicht mehr. Wer sich davor fürchtet, dick zu werden, der befürchtet aber bewußt oder unbewußt Sanktionen, die in keinem Verhältnis zum rein ästhetischen Verstoß stehen, und das allen Erfahrungen nach auch zu Recht. Denn der dicke Körper ist Zeichen dafür, daß jemand in seiner ganzen Lebensführung absichtlich oder unabsichtlich gesellschaftliche Forderungen mißachtet, gegen Grenzen verstößt.

Eine sinnvolle Therapie kann nur heißen, diese Hintergründe und Prozesse bewußt zu machen, die sozialen und individuellen Bedeutungen zu entschlüsseln, damit wissend und willentlich die persönlich richtige Stellung zur und in der Gesellschaft vertreten werden kann, ohne sprachlos den Körper vorschieben zu müssen.

Eßsucht-Therapie ist wie alle anderen Therapien ein Versuch, Menschen, die mit der Gesellschaft, mit ihrem Leben nicht zurechtkommen, anzupassen. Meist heißt das, sie zu befähigen, sich mit nicht selbstverschuldeten Mißständen zu arrangieren. Das eigentliche, aber utopische Ziel ist, Therapien – auch solche gegen den dicken Körper – durch tiefgreifende soziale und kulturelle Veränderungen überflüssig zu machen.

Der dicke Körper

Die Bedeutungsinhalte und Zuschreibungen des dicken Körpers sind keine ewigen und eindeutigen Tatsachen. Sie sind wandelbar und zeigen ihre jeweilige Gestalt, wie jedes andere kulturelle Phänomen, in historischen Dimensionen, gesellschaftlichen Zusammenhängen und ökonomischen Entwicklungen.

Historische, ethnologische und soziologische Vergleiche zeigen das breite Spektrum von Bedeutungen, zeigen Abfolgen und Parallelen, sind aber nicht direkt für das Verständnis des dicken Körpers der mitteleuropäischen Gegenwart aufschlußreich; das heißt, sie helfen keinem, der jetzt und hier dick ist oder sich über dicke Leute den Kopf zerbricht, die Schwierigkeiten zu verstehen und anzupacken. Daher konzentriere ich meine Aufmerksamkeit im folgenden auf zwei zentrale Bereiche, die die derzeitige Bedeutung des Körpers bestimmen: die Art der *Wahrnehmung* des Körpers und die Auffassung der individuellen *Verantwortlichkeit* für ihn.

Diese beiden Kategorien machen klar, daß es sich dabei um einen trennenden, reflektierenden und abstrahierenden Umgang mit dem Körper handelt. Schon das Vorhaben, über den Körper zu denken, zu reden, zu schreiben, zeigt *meine Trennung von ihm, die ich aber nicht widerspruchslos als Fixum akzeptiere, sondern bloß als meine persönliche Ausgangsbasis, mit der ich die Nähe zu Ort und Zeit meines Themas nicht leugnen kann und will.*

Wenn nun in der Darstellung der *dicke Körper* hinter dem *Körper* verschwindet, so heißt das, daß hier die spezielle Ausprägung nicht mehr gesondert, sondern als in der allgemeinen Form aufgehoben betrachtet werden kann.

Der dicke Körper ist *eine* Möglichkeit, der herrschenden Kommunikationsstruktur zu begegnen. Um diese Möglichkeit verstehen zu können, schreibe ich nun Grundlegendes über den Umgang unserer Gesellschaft mit ihren menschlichen Körpern.

Wahrnehmung

Die Wahrnehmung ist die Voraussetzung der Kenntnis, der Urteilsbildung, des Wiedererkennens, Einordnens, Aussortierens, des Reagierens. Die Reaktionsformen lassen sich schon in der Art und Weise der Wahrnehmung aufspüren, diese beiden Teile einer gesellschaftlichen Funktion sind nicht voneinander zu lösen.

Die Qualität der Wahrnehmung ist die Grundlage der gesellschaftlichen Bedeutung. Die Reaktionen auf den dicken Körper machen ihn aber als gesellschaftliches Phänomen erst komplett. Diese Reaktionen legen als Folge von Selbst- und Fremdwahrnehmung vordergründing zwar eine gesonderte Betrachtung nahe, doch sowohl die Auslagerung des Ich, des Selbst, das den Körper beobachtet und registriert, als auch die generelle Bereitschaft zur Reflexion, das Akzeptieren des Spiegels, verwischen diese theoretische Unterscheidung. Die Wahrnehmung des eigenen und des fremden Körpers sind voneinander abhängig, und das eigene Bild ist mit dem, was andere in einem sehen, eng verwoben. Selbst- und Fremdwahrnehmung sind nur verschiedene Ausschnitte desselben Blicks.

Blicke

Kaum jemals trifft ein Blick unvoreingenommen auf etwas Sichtbares. *Sichtbar* beinhaltet für den alltäglichen, oberflächlichen Gebrauch der Augen bereits: verknüpfbar mit Wissen, Meinungen, Orientierungen, Gefühlen, Erinnerungen, Erwartungen. Was keine Verbindungen herstellt, bleibt am Rande der Wahrnehmung.

Wenn Dicke gesehen werden, dann heißt das: Die Sinne sind darauf vorbereitet, sie haben die Assoziationen parat. Das erste Urteil fällt der Blick. Das öffentliche Ansehen – der Wortsinn zeigt es bereits: Der Rang des (dicken) Körpers ist ein Werk des Auges. Es liegt in der Macht des Blickes, den Grenzverlauf zwischen mir und dem Anderen festzulegen und sich so für eine abstrakt beobachtende oder eine berührende Position zu entscheiden. Christoph Wulf schreibt: »Zwar bilden die Sinne eine Grenze zwischen Körper und Welt, zwischen dem Innen und dem Außen; sie stellen gleichsam eine ›Zwischenkörperlichkeit‹ dar.« Die Nahsinne (Geruch, Geschmack, Tastsinn, Temperatursinn) vermitteln »an den Sinnesflächen des eigenen Leibes das Fremde; sie erschöpfen sich in der distanzlosen Vergegenwärtigung fremder Zustände. Mit Hilfe des Auges jedoch werden die Grenzen des Körpers hinaus geschoben. Sie verlaufen am Ende des Gesichtskreises.« (S.21)

Die Herrschaft des Sehens über die anderen Sinne, die gestiegene Bedeutung der Visualität, diese kulturellen Tendenzen machen die Gestaltung des Körpers zu der umfassenden Aufgabe, an der sich fast jeder in irgendeiner Weise mißt. Kleidung, Kosmetik und gezieltes Körpertraining beeinflussen den Körper und legen ästhetische Standards fest. Doch noch ist nicht eindeutig, ob hier die *Freiheit* des Körpers unterliegt oder dem Auge übel mitgespielt wird. Christoph Wulf sieht das Auge gefährdet. In ihm »spiegelt sich der Zustand der europäischen Zivilisation, die zwischen kontrollierender Herrschaft und haltlosem Überwältigtwerden hypertrophierte und das Maß verloren hat.« (S.21)

Das Auge als Instrument der Wahrnehmung und als ein Teil des Körpers weist auf die doppelte Funktion des Blickes hin. Das Auge nimmt Maß, zieht Grenzen. Der Blick definiert, beurteilt, hebt hervor und übersieht. Der dicke Körper ist sozusagen ein Opfer des Auges, von ihm gebrandmarkt. Und doch ist das Auge selbst ein Stück des Körpers. Die Zurechtweisung, die im Blick liegen kann, erfährt der Körper und gibt sie über das Auge wieder zurück, reproduziert sie. Beim Versuch, den Blick für die erschwerten Lebensumstände des natürlichen, individuellen, vielleicht formlosen Körpers verantwortlich zu machen, muß ich ihm also zugestehen, daß er niemals nur Wahrnehmung ist, sondern gleichzeitig Ausdruck meiner persönlichen Existenz.

Doch wenn die Visualität dominiert und in ihrer Eigenart also begrenzt und unterscheidet, so ist das Klima, in dem sich Abweichung behaupten muß, schon keineswegs mehr wohlgefällig.

Zur Lippe sagt: »Wo Definitionen durch Absonderung statt durch besondere Beziehungsformen, Grade von Intensität und Klarheit eines Gegenübers gewonnen werden, ist schon die Gewalt zum Prinzip erhoben.« (1982, S.28)

Ein bewährtes Muster für den Umgang mit Auffälligem ist Stigmatisieren, Unschädlichmachen, auf Distanz halten. Szasz schreibt sehr deutlich: »Jemand, der (...) schwerer ist als der Durchschnitt, wird gesellschaftlich als ›übergewichtig‹ und ›abstoßend‹ und medizinisch als ›krank‹ etikettiert. ›In der Tat weist die Haltung der Gesellschaft, speziell der Ärzteschaft gegenüber jenen, die die falschen Gedanken hegen (die Geisteskranken), falsche Drogen nehmen (die Süchtigen) und das falsche Gewicht haben (die Dicken), einige bemerkenswerte Parallelen auf‹.« (in Aliabadi/ Lehnig, S.15f.)

Nach Mary Douglas drückt sich soziale Distanz als Distanzierung vom physiologisch Ursprünglichen, vom Natürlichen aus. Sozialer Druck bewirkt also, daß sich der Wunsch nach Konformität in der strengen Kontrolle der körperlichen Funktionen ausprägt. Mary Douglas bezieht ihre Aussagen zwar schwerpunktmäßig auf körperliche Rituale im religiösen Zusammenhang, doch ich halte diese These für verallgemeinerbar. Der ungeformte Körper erhält als standardisierte Assoziation die soziale Abwertung zugeschrieben, und das nicht nur in der statistisch verallgemeinerten Form (Angehörige der Unterschicht sind dicker als ...), sondern dieses Werturteil ist, wann immer Abgrenzung nötig ist, verfügbar.

Das ergibt?

Den Körper, der als Bild tauglich sein muß, um diesem Blick ein Gegenüber sein zu können.

Den Körper, der sich diesem Blick anbiedern muß.

Den Körper, der die Grundlage der Identität ist und doch akzeptieren muß, daß er nicht er selbst ist.

»Andere betrachten uns auf der Grundlage der Identität, die sie uns zuweisen. (...) Der Körper ist entscheidend für diese Herstellung von Identität und ist (...) die Basis, um Personen in Beziehung zu ihrer Erscheinung einzuordnen.« (Field, S.247)

Dieser *objektiven, erkennbaren und universalen* Identität – d.h. Bedeutungen, die an Identitäten festgemacht werden und von anderen gleichermaßen geteilt werden – stellt Field die Selbstkonzeption, das eigene Bild gegenüber, das subjektiv, für andere nicht erkennbar und eher *partikulär* ist. Dieses Bild scheint vom Körper unabhängig zu sein, muß sich aber im Geheimen bescheiden und auf öffentliche Bestätigung, ja selbst Kenntnis, verzichten.

Der Körper wirkt eindeutig, bestimmbar, objektiv bewertbar. Er wird aus Gründen der Einfachheit immer wieder mit der Person verwechselt, die doch vielfältiger und komplizierter ist. Das eigene Bild ist oft sehr anders als die zugewiesene Identität, es gehört einer anderen Realität an. Leute, die mit ihrem Körper unzufrieden sind, leiden unter dieser Kluft. Ihre positiven Gefühle, ihre Stärken, ihre Eigenliebe haben oft mit dem Körper, den andere sehen, nichts zu tun. Sie sind abstrakt, geheim und unrealistisch. Doch in ihren Minderwertigkeitsgefühlen, ihrer Scham und ihrer Unsicherheit sind sie an den problematischen Körper, der sie in der Öffentlichkeit darstellt, gefesselt.

Die Möglichkeiten, die Person in Anbetracht ihres Körpers zu definieren, scheinen aber sehr eingeschränkt. Jean Baudrillard spricht von funktioneller Schönheit, für die der Körper »nicht mehr ›Fleisch‹, wie aus religiöser Sicht, und auch nicht mehr Arbeitskraft, wie in der industriellen Denkweise ist, sondern in seiner Körperlichkeit (oder in seiner sichtbaren Idealvorstellung) als Objekt des narzißtischen Kultes oder als taktisches Element des sozialen Ritus wieder aufgenommen wird.« (1981, S.98)

Der funktionelle Körper ist für Baudrillard das Ergebnis von Sakralisierung, von Überhöhung, von ideologisch gezielter Entfremdung. Und diese Annahme vom Exponieren, vom Überhöhen des Körpers in seiner abstrakten Wertigkeit findet sich selbst bei oberflächlichster Beobachtung schnell bestätigt. Jedes ästhetische Werten des Körpers tendiert zu einem Ideal, das die Lebendigkeit eliminiert, den *Schmutz* der persönlichen Geschichte von der glatten Fläche der Körpermythen wischt und die Unnahbarkeit anstrebt, um diesen künstlichen Zustand möglichst lang zu bewahren.

Kretzen schreibt dazu: »Dem ausgehöhlten Repräsentationskörper ist keine Unschuld mehr möglich, unter all den Blicken, die man ihm schenkt und als seine Befreiung feiert. Unsere Gesellschaft, eine Garküche für gleichbleibende Körpertemperaturen – die Hitze für das glücksträchtige, aber ach so zerstörte Subjekt – viele brodelnde Töpfe mit steifen schuldigen Gliedern darin; und die entzündeten Nasen der Köche erscheinen über dem Rand der Töpfe, um über den Verlust der Ich-Substanz zu klagen: klebrig verkochte Knochenbrühe.« (S.30)

Die Blicke nehmen den Körper angeblich ernst, werten ihn auf, sie legen Kriterien und Maßstäbe an und stellen die Einzigartigkeit jedes Körpers fest. Aber nicht zu dessen Vorteil! Denn die Unverwechselbarkeit gilt als Fehler, das stereotype Körperideal ist Trumpf.

Die Bedeutung, die dem Körper beigemessen wird, befreit ihn nicht, macht ihn nicht selbständiger, sie nimmt ihn in die Pflicht. Er soll darstellen, was eigentlich nichts mit ihm zu tun hat. Ihm werden soziale und kulturelle Bedeutungen aufgeladen, die im Prinzip unkörperlich sind. Der Blick verbirgt die Person hinter dem Körper und versucht, den tatsächlichen Körper mit der Normschablone zu verdecken.

Der Spiegel

Der Spiegel steht für die Verinnerlichung des fremden, öffentlichen Blickes. Er gaukelt Objektivität und Vergleichbarkeit vor und macht mir die Außensicht auf meinen Körper zugänglich. Der Umweg über den Spiegel ist der *normale* Blick auf mich selbst.

Im Spiegel stelle ich das Bild zusammen, das mich darstellt. Ich weite meinen Körper aus. Bekleidung, Kosmetik, die Haltung, die Haartracht, alles trägt symbolische Werte, die ich für mein Bild benötige. Gleichzeitig schränke ich mich ein. Ich eliminiere meine Müdigkeit, mein Alter, und wenn ich nichts vertusche, dann stärke ich mir zumindest den Rücken, um mich zur Schau tragen zu können.

Als wären im Spiegel Maßeinheiten eingeschrieben, eine Skala für jene Eitelkeit, »welche in die Klasse allgemeiner Rücksichtnahme zu reihen ist: zu trachten, sein Äußeres in der besten Façon unter die Gesellschaft zu mischen. Der tägliche, der täglich mehrmalige Kontrollblick in den Spiegel je Anlaß, Sozietät, gefordertes Verhalten – Ratio mit dem Spiegel im Bunde schafft jenes Eigenwertkalkül, das die Freiheit des öffentlichen Auftritts verbürgt.« (Bayr, S.19)

»Schaue ich mich womöglich in den Spiegel erst hinein?« (Frischmuth 1985, S.81) Ja, denn was ich im Spiegel sehe, hat keine Natürlichkeit und keine Objektivität. Was da drin meine Person umfaßt, ist ein Kunstprodukt, gewollt und beabsichtigt von mir, um dem öffentlichen Blick auf mich etwas voraus zu haben: Ich weiß schon, was sie sehen. Ich reagiere auf ihren Blick, bevor er mir begegnet. Gleichzeitig vergewissere ich mich der Kriterien für den Blick auf die anderen. Nun weiß ich, was ich sehen, worauf ich achten werde.

Gebauer listet einzelne Schritte auf:
»1) Der Körper wird segmentiert, d.h. in eine Menge isolierbarer Einzelsymbole zerlegt.
2) Die Körpereigenschaften werden als Ergebnisse von Anstrengungen aufgefaßt. Zwar wird das Rohmaterial ursprünglich durch die Natur gegeben, doch ist der Weg der Natur lenkbar und beeinflußbar.
3) Der Körper erhält einen Produkt-Charakter. Seine Eigenschaften können zum Teil mit Hilfe von Geld erstanden werden. Der Körper wird partiell von der Person ablösbar.
4) Die dargestellten Körpereigenschaften sind Bestandteile von Inszenierungen von Personen. Sie werden als Ausdruck einer Persönlichkeit mit einer bestimmten Lebensweise, materiellen und geistigen Situation aufgefaßt.
5) In der körperlichen Inszenierung werden die geleisteten Anstrengungen zum Verschwinden gebracht (z.B. die Arbeit des Pflegens, das Training, das Abmagern, die Askese usw.). Der darstellende Körper umgibt sich mit einer mimetischen Sinnlichkeit, die in hohem Maße auf Einbildung beruht.« (S.319)

Der Körper wird in seinen Teilen interpretiert. Jedes Detail hat Bedeutung. Die Schultern zeugen von der Arbeit an den Trainingsgeräten, die Fingernägel von Schonung und täglicher Pflege, das Gesicht illustriert das Bemühen um Frische und Jugendlichkeit. Es steckt Arbeit in diesem Körper, er wird erzeugt, er hat seinen Preis. Doch darf man ihm nicht alles ansehen, denn er soll selbstverständlich, natürlich und mühelos die Person charakterisieren und darstellen.

Für diese tagtägliche Inszenierung ist der Spiegel unerläßlich. Ich übertrage dem Spiegel die Macht der Beurteilung. Ich überrede mich, meinen Körper für den zu halten, der mir im Spiegel gegenübertritt. Im Spiegel mache ich mich mir fremd, denn ich liefere mich den Blicken aus.

Vielleicht ist dies aber im Wesen des Körpers grundgelegt, wie Michel Bernard meint: » ...aufgrund seiner libidinösen Natur, die erfüllt ist vom Wunsch nach Lusterleben und also vom Verlangen nach dem Verlangen des anderen, (ist) unser Körper ein beständiger Appell an den Körper des anderen und eine beständige Bezugnahme darauf, vor allem auf seinen Blick, der mich als liebenswürdiges Objekt aufwertet, kurz, mich beurteilt. Der Blick und das Urteil des anderen berauben uns auf diese Art unseres Körpers und formen ihn nach dessen Wunsch zurecht.« (S.90)

Frauen

Meine Überlegungen sind von meinem Standpunkt als Frau bestimmt. Ich verstehe weder den dicken Körper noch den öffentlichen Blick oder das Spiegelbild als rein frauenspezifische Probleme, doch Frauen stehen eindeutig am unteren Ende des patriarchalen Gefälles, dort wo die Ströme der sozialen Diffamierung nicht nur vorüberfließen, sondern sich sammeln, und sowohl bei der generellen Bewertung des Körpers in Bezug auf die Person als auch bei einzelnen Grenzziehungen zwischen normal-abnormal, schön-häßlich, fähig-unfähig usw., nachhaltigste Wirkung zeigen.

Der Spiegel repräsentiert die patriarchale Kontrolle. Margarethe Mitscherlich schreibt: »Frauen neigen zwar weit mehr als Männer zu kritischer Selbstwahrnehmung, doch sie pflegen sich dabei nicht selten mit den Augen eines Mannes zu betrachten, übernehmen seine Urteile und Vorurteile über das Wesen, die Aufgabe und den Wert einer Frau. Trotz sexueller Freiheit bleiben Frauen an die Wertvorstellungen der Männer gebunden und beurteilen sich weitgehend nach den männlichen Kategorien pflichtbewußter, attraktiver Weiblichkeit.« (S. 83)

Martina De Ridder beschreibt, wie in der Extremform der Unterordnung des weiblichen Körpers, der Prostitution, der Blick in den Spiegel die eindeutigste Wertung erfährt: »Dieser Körper denkt und fühlt sich nicht selbst, seine Bewegungen, Blicke und Gesten folgen dem Diktat männlicher Lust. (...) Im Blick des Spiegels sucht sie nicht sich selbst. Der Spiegel dient ihr als Instrument der Kontrolle, der visuellen Konfrontation mit dem eigenen Körperbild, das vor dem männlichen Auge bestehen muß.« (S. 313f.)

Das Übermaß an fremdbestimmter Selbstkontrolle, das den Umgang von Frauen mit ihrem Körper bestimmt, ist ihnen (selbstverständlich) schon in die eigenen Schuhe geschoben worden. Freud sagt über das Körperverständnis der Frauen: »Wir schreiben also der Weiblichkeit ein höheres Maß von Narzißmus zu, das noch ihre Objektwahl beeinflußt, so daß geliebt zu werden dem Weib ein stärkeres Bedürfnis ist, als zu lieben. An der körperlichen Eitelkeit des Weibes ist noch die Wirkung des Penisneides mitbeteiligt, da sie ihre Reize als späte Entschädigung für die ursprüngliche sexuelle Minderwertigkeit um so höher einschätzen muß.« (S. Freud. In: Mitscherlich, S.134)

Doch selbst wer der weiblichen Eitelkeit eine gewisse ***Natürlichkeit*** zuschreibt, kommt nicht umhin, den Zwang zu einer bestimmten Ausprägung von Eitelkeit, die den weiblichen Körper in die Pflicht der Normerfüllung nimmt, als Machtinstrument der patriarchalen Gesellschaft zu erkennen. »Dieses hyperdünne Schönheitsideal fällt so präzise mit dem Erstarken der feministischen Bewegung zusammen, daß Mißtrauen geboten ist. Es fällt schwer, in dieser ›Ästhetik der Dürre‹ nicht einen bewußten oder vielleicht auch unbewußten Versuch zu sehen, auf die Forderung von Frauen nach mehr Raum in der Welt zu kontern.« (Orbach, emma 1984, S. 87)

Viele Frauen sind dick, weil ihre Lebensbedingungen keine Entfaltung zulassen, weil die Einschränkung so umfassend und schmerzlich ist, daß als letzte Waffe der Körper sich aufbäumt und wächst und Aufmerksamkeit beansprucht. Solange Frauen leiden und essen, dick sind und sich schämen, solange ist die patriarchale Ordnung intakt. Doch sobald sie ihren Körper verstehen, diese wortlose Sprache akzeptieren und von ihrem Speck aus Wege zur Selbstbehauptung erkunden, werden sie gefährlich.

Die patriarchale Gesellschaft versucht, sich mit einer Neudefinition des guten Geschmacks, der ästhetischen Vorbilder dagegen zu schützen. Die Frauen müssen diese Macht der Geschmacks- und Normbildung brechen, um ihre Kräfte zum Ausdruck zu bringen. Noch haben sie es nicht geschafft.

Leib

Bei allem Gerede über den Körper ist noch nicht entschieden, wer er wirklich ist, welche Kompetenz und Ausdehnung ihn bezeichnet, ob ich mein Körper bin oder einen Körper habe. Hinter der oft gestellten Definitionsfrage *Leib* oder *Körper* stecken komplexe Bilder von Leben und Natur des Menschen, von Gegensätzen und Wechselwirkungen von Natur und Kultur, vom Spiel zwischen Triebhaftigkeit und Bewußtsein.

Marcel schreibt: »Indem ich Leib bin, habe ich einen Körper« – nur eine sprachliche Spitzfindigkeit, die der Frage aus dem Weg geht? – »aber zugleich verfüge ich nur scheinbar über diesen Körper, eben weil ich Leib bin.« (S.18) Ist also der Körper der seelenlose, handgreifliche Teil und der Leib die Idee meines Lebensentwurfs?

Ist der Leib das, was als Konstruktion entstehen muß, wenn man die Seele-Körper-Trennung zugunsten eines ganzheitlichen Bildes verwirft und dann erkennt, daß dem Menschen mit einem einzigen Begriff nicht unter allen Aspekten beizukommen ist?

»Wird dieser Leib, als der ich inkarniert lebe, objektiviert, so erscheint mein Körper, das Mißverständnis des Leibes. Dieser Körper kann, wie die imaginäre Seele, die ihn informieren soll, in beliebiger Weise objektiv betrachtet, klinisch untersucht und chirurgisch amputiert werden. Diesen Körper habe ich; ich bin aber mein Leib.« (Marcel, S.17)

Auch David Field beschreibt den Körper als organisch, sichtbar, berührbar und ordnet ihm das Selbst über, das die Erfahrung trägt. Vielleicht ist der Leib dieses *Selbst*, das die Erfahrung von Ganzheit macht, die dem Körper, dem zusammengesetzten und nicht notwendig vollständigen Etwas, nicht möglich ist?

»Das Selbst hat die Eigenschaft, sein eigenes Objekt zu sein, und dies unterscheidet es von anderen Objekten und vom Körper. Es ist völlig wahr, daß das Auge den Fuß sehen kann, aber es sieht den Körper nicht als Gesamtheit. Wir können nicht unsere Rückseiten sehen; wir können, falls wir beweglich genug sind, gewisse Teile davon berühren, aber wir können unseren Körper nicht als Ganzheit erfahren.« (Field, S. 246)

Der Körper ist demnach Stückwerk, die zusammenhängende Reflexion obliegt einer anderen Instanz. Ist also der Körper definitiv auf die Äußerlichkeit festgelegt? Ist die Wahrnehmung von *innen*, ohne Berührung, Sehen, Riechen usw. zu bemühen, die als einzige eine Ganzheit zu vermitteln scheint, die kennzeichnende Fähigkeit des Leibes, die ihn vom Körper unterscheidet? Ist also der Leib auch der Sitz der Kräfte, die den Körper und seine Ausmaße überschreiten können?

Und wo bin nun *Ich*?

Frischmuth schreibt über das Verhältnis von Person und Körper: »Kurz geschlossen, der Ausdruck ›mein‹ Körper scheint die Statuierung von etwas Komplementärem vorauszusetzen, damit ›ich‹, mich im jeweiligen Augenblick als das andere begreifend, per Possesivum davon sprechen kann.« (1985, S. 82)

Wer den Leib vom Körper trennt, oder die Seele vom Leib, oder den Körper vom Geist, oder die Ganzheit woanders ansiedelt als die Körperteile, der rechnet bei jedem *wir*, jedem *ich*, jedem *mich* mit dem stillschweigendem Einverständnis des unreflektierten Sprachgebrauchs, dem es egal ist, ob ich lese und mein Körper daran beteiligt ist, oder umgekehrt, oder ganz anders...

Die Trennung ist das Prinzipielle, und sie scheint notwendig zu sein für das Ausbilden von Begriffen, ebenso wie für die Fähigkeit, den Anforderungen des Körpers ihren Platz in einem komplexen Sozialsystem zuzuweisen. Die Konsequenz daraus ist eine klare Hierarchie.

Michael Wimmer erkennt: »Deshalb impliziert bereits die Vorstellung einer Nichtidentität von Körper und Geist immer schon die Unterwerfung des Körpers unter den Geist.« (S. 82)

Die Herrschaftsstrukturen der Gesellschaft finden sich also im Umgang des Menschen mit sich selbst, mit seinem Körper wieder. Andererseits erhält er durch diese Nichtidentität auch Macht, die Macht des Anders-Seins, die mit Fremdheit und Unverständlichkeit ihre Trümpfe ausspielt; er irritiert, stört und beeinflußt und maßt sich Bedeutungen an, die jedes Denken verlegen machen.

Günter Brus erzählt: »Mein Leib hat eine sehr große Angst, schlecht proportioniert zu sein. Darum zieht er immer, wenn er sich beoachtet weiß und von einem Sitz erhebt, die Weste zum Arsch. (...) Mein Leib zieht seine Socken an, zieht seine Schuhe an, zieht seinen Mantel an und setzt seinen Hut auf einen fremden Kopf.« (S.30ff.) – und hat damit wohl weniger Schwierigkeiten als ich mit ihm.

Die Trennung von Geist und Körper ist ein wesentliches Stück europäischer Kulturgeschichte. Es fällt auf, daß Versuche, die Minderwertigkeit des Körpers, die *logische* Folge dieser Trennung, aufzuheben, doch durch jede Reflexion das Bild der Spaltung und der Hierarchie bestätigen. Unterschiede, ob das Fleisch nun schwach, sündig und unwissend ist oder Träger der persönlichen Geschichte und des eigentlichen Gefühlsausdrucks, bleiben undeutlich, solange es die Rolle der Opposition zu Geist und Intellekt beibehält.

Die Grenze

»Nur nicht den Bauch zeigen, das nicht! Die Zunge meinetwegen, aber nicht den Bauch! Ferkel!
Hundertmal hab ich ihm das eingeschärft: alles, nur nicht den Bauch.
Das tut man nicht.
Obszön ist das!
Und schamlos.« (Gruber, S.89f.)

Anstandsregeln, die dem Körper eingeschärft werden. Er muß wissen, was er darf und wo er nichts verloren hat.

Nicht immer ist die Haut die Grenze des erlaubten Auftretens. Auswuchs und Einverleibung sind Verstöße gegen die glatte Norm – und Lebensnotwendigkeit:

»Die Grenzen des Körpers sind fiktiv: sein Leben, unsere Existenz überschreiten sie immer.« (zur Lippe 1984, S. 301) Jede Bewegung ist eine Grenzverletzung, schon der Atem tauscht Fremdes und Eigenes. Die Begrenzung des Körpers ist Einbildung, ist der Wunsch nach klarer Trennung, ist die Angst vor dem verwirrend Übergreifenden.

Vielleicht ist die Annäherung von der Vorstellung der Groteske her möglich: Die groteske Gestalt wird nach Michail Bachtin nicht definiert durch die verschlossene ebenmäßige Fläche des Leibes, sondern durch »das Hervorstehende, seine Schößlinge und Knospungen, sowie seine Öffnungen, das heißt: nur das, was über die Grenzen des Leibes hinausgeht oder aber in die Tiefen des Leibes hineinführt«. (S.10)

Der Bauch wird als der wichtigste *groteske* Körperteil genannt, gefolgt vom Geschlechtsorgan, dem Mund und dem After.

Das sichtbare Sprengen der ästhetischen Norm, der monströse Bauch, verunsichert sowohl die Grenze zwischen Leib und Welt als auch zwischen Leib und Leib.

Einverleiben, Ausscheiden und der geblähte, ausgedehnte Leib sind die Konfrontationspunkte mit dem Anderen. Über diese werden kulturelle Grenzen von Intimität definiert. »Der Körper ist in der Möglichkeit des Sehens, Fühlens, Hörens geöffnet. Er ist ausgebreitet in das Geöffnete, und seine Einheit gehört zum Ganzen der Welt, von der er nicht abgetrennt werden kann. Er birgt nicht das Innere, auch hinter dem Hautsack ist ›Außenwelt‹, wie außer der Haut. Er ist die vorgegebene Schwelle der Begegnung, die Grenze, in die er eingelassen ist, das Vorfeld der Welt.« (Kolleritsch, S.106) Dann kann ich also meine Grenzen je nach meiner Bereitschaft zur Begegnung verschieben, indem nun schon mein Körper an sich die Grenze, die ich mir setze, mit seinem Ausmaß überdeckt, ich also die Berührung vermeide, oder indem meine Bewegung, mein Ausdruck, meine Umhüllung dehnen und die Begegnung herausfordern.

Aber vielleicht ist die Begrenzung des individuellen Körpers auch nichts anderes als nostalgische Utopie, ist jeder Versuch der Definition schon sinnlos. Baudrillard meint: »Der Körper hat keinen Sinn mehr. Die Szene des Körpers – die geheime Regel, die den Körper begrenzt, ihm seinen Spielraum, seine Ausdehnung, seine gestischen und morphologischen Grenzen gibt – ist verschwunden.« (1982, S. 350)

Er verwendet die Dickleibigkeit als Metapher für den Zustand des Sozialgefüges. In unserem Leben, unserem sozialen Körper ist der Sinn verlorengegangen. Ist die Undefinierbarkeit unser Kulturmerkmal, die Ungenauigkeit, Unüberschaubarkeit?

Werden die Körper fett, weil unser Leben unersättlichen Zwängen untergeordnet ist? Baudrillard nennt dies eine »Ultramoderne, postmoderne Fettleibigkeit«, die dem Wahn erliegt, alles zu speichern. »Ohne Begrenzung, ohne Transzendenz: als ob der Körper sich nicht mehr von der Außenwelt abgrenzte, sondern versuchte, sie zu verschlingen, einzuverleiben und in der eigenen Hülle den Raum zu verdauen.« (1982, S. 350f.)

Essen

»Was hier fehlt, ist etwas unbedrucktes, das man essen kann, und beim essen sozusagen mit den zähnen bedruckt, also sowas wie brot. brot ist eine der sonne abgeschnittene scheibe, es ist braun außenrum.« (Gehrke, S. 7)

Das Essen könnte ein Schlüssel zu meinem Körper sein. Essen ist ein Mittel, den Körper auf ganz spezifische Weise zu spüren. Ich verfolge etwas auf seinem Weg durch mich. Essen läßt Abhängigkeit und Macht erleben.

Ich kann essen, um etwas zu schmecken, um eine Konsistenz im Mund zu fühlen, um Völle im Magen zu spüren, um meine Verdauung zu beeinflußen, um mich aufzuputschen oder zu beruhigen, oder um satt zu werden... Ich kann mich begreifen als etwas, das formbar, füllbar ist wie ein Ballon, den ich z.B. mit Luft oder Wasser füllen kann, um ihm unterschiedliche Eigenschaften zu geben. Ich kann mich dem Essen ausliefern. Oder ich kann dem Essen, dem Nahrungsmittel, dem Gebrauch des Nahrungsmittels, meine persönliche Prägung geben. Ich kann mich, geöffnet zur Welt, schmeckend, riechend, mit der Zunge tastend vorankosten. Oder ich kann mich verdauend, bewertend, verarbeitend, ausscheidend zurückziehen.

Eine garantiert *hirnrissige* Untersuchung (so zitiert bei Franzen) erhielt auf die Frage: »Was ist in deinem Körperinneren?« von zwei Millionen Kindern die Antwort: »Nichts.« Günter Franzen diagnostiziert darin »die psychische Wahrheit des westlichen Nahrungsmittelpsychotikers: Ich bin nichts. Ich bin nur das, was ich in mich hineinstopfe«. (S. 31f.)

Abgesehen von allen physiologischen Notwendigkeiten ist Essen dazu gut, das Gefühl der Leere, in dem die Sehnsucht die Verbindung von Hunger und fehlender Liebe herstellt, fernzuhalten.

Der Raum

Der Raum zwingt den Körper, sich zu entscheiden, ob er *Figur* oder *Bewegung* sein möchte.

Die Raumauffassung einer Gesellschaft ist an der Ausbildung ihrer Körperbilder wesentlich beteiligt. Unsere Raumauffassung braucht allem Anschein nach den beweglichen, agilen, flinken, biegsamen, schlanken Menschen. Die Fähigkeit, einen Raum zu *besitzen*, ist zwar nicht völlig verloren, aber ziemlich verpönt. Eine Gesellschaft, die Flexibilität und Mobilität zu ihren Kardinaltugenden macht, muß auch ihr Körperbild nach der Prämisse Beweglichkeit ausbilden. Beweglichkeit und Anpassungsvermögen werden gefordert. Nicht das Beherrschen aus statischer, in sich mächtiger Position ist das Ideal, sondern rasches, elastisches Alles-erreichen-können.

So sprengt der Körper die Figur und wird Bewegung: Bewegung als Kommunikationsprozeß mit der Umgebung. Kommunikation mit dem Raum, wenn damit vier Wände gemeint sind, oder Erschaffung eines Raumes durch die Bewegung als Beziehung zu Anderem, wenn Raum als Möglichkeit, Vermögen, Intensität und Extensität definiert ist. Der Körper ist Raum. Nicht ein möglicher Raum, sondern der *Ursprung aller anderen*. Der Körper entwirft die Welt und erweckt sie zum Leben.

Atmung ist die Grundbewegung, die den Raum durchdringt, Austausch, Wechselbeziehung mit dem Umgebenden. Ein Spiel mit dem Raum. »Innere Bewegung ist Modell äußerer so gut wie Antwort auf sie und deren Ausgangspunkt. Nur als Atmende leben wir. Nur in der Bewegung haben wir eine Identität.« (zur Lippe 1982, S. 32)

Körperliche Identität ist also ein ständiger Tausch, der gleichzeitig das Akzeptieren der Unterschiedlichkeit von innen und außen, aber auch der ständigen Veränderbarkeit und notwendigen Veränderung am Übergang voraussetzt. Persönlicher Raum ist eine Beziehung von innerer und äußerer Bewegung.

Baudrillard interpretiert Dickleibigkeit heute als ein Verschieben dieses Verhältnisses, das sich von der gängigen Norm absetzt und dabei doch symbolisch gesellschaftliche Bedingungen beschreibt. Dickleibigkeit ist »eine Form der Hypertrophie und der monströsen Konformität mit dem leren Raum. Unförmigkeit aufgrund übermäßiger Konformität.« (1982, S.350) Sie ist als Versuch zu verstehen, dem Fett Funktionen zu übertragen. Fett kann den Raum beanspruchen, den die Person nicht zugestanden bekommt, den sie sich selbst nicht zugesteht, oder der in anderer Form scheinbar unerfüllbare Anforderungen stellt und Ängste weckt.

Es ist eine Frage der Grenzziehung: Sichtbares sticht Unsichtbares. Die psychische Grenze liegt versteckt hinter der physischen. Die physische Grenze beschränkt sich auf den Körperumfang und geht nicht darüber hinaus, weil sie so am wenigsten Lücken zeigt und keine dünnen, gedehnten Stellen, wie sie jede Bewegung hervorruft. Fett kann den Raum schaffen; dichten sicheren Raum erschaffen.

Verantwortlichkeit

Die gedankliche Grundkonstruktion, auf deren Basis jeder/jede heute für seinen/ihren Körper verantwortlich gemacht wird, ist nicht: Du kannst aus deinem Körper alles machen, was du willst. Mach das Beste daraus, laß dir etwas einfallen! Sondern: Es gibt eine Natürlichkeit des Körpers, die optimal ist. Leider ist sie in unserer Zivilisation verloren gegangen. Doch du kannst und mußt sie zurückgewinnen, nicht zu deinem eigenen Heil (nicht nur!) sondern zum Wohle der Zivilisation, die sonst ihre Basis und ihre Legitimation verliert.

Jeder Mensch muß sich dafür verantworten, welchen Körper er gemacht hat. Wir sind uns nicht darüber im Klaren, daß wir oft unsere individuellen Körper vernichten, wenn wir sie trainieren, in Form essen oder hungern, bemalen, drapieren und eine bestimmte Sorte Hüftschwung einüben. Wir schaffen es zu glauben, daß wir ihnen dadurch etwas zurückgeben: Freiheit, Eigenart, Ausdruck, Schönheit.

Das heißt nicht, daß nur der völlig *natürliche*, unbeeinflußte Körper individuell ist, doch die meisten Formen von Sport, Kosmetik, Körperbeherrschung usw. sind so uniform, daß ich sie nicht als individuellen Körperausdruck verstehen kann.

Die folgenden drei Abschnitte sind widersprüchlich und ähnlich zugleich. Sie sind eine Kritik daran, wie die Körper und die Gesellschaft, die sie bilden, an der Nase herumgeführt werden, auf imaginären Maßstäben balancierend, haarscharf an der individuellen

Urteilskraft vorbei. Der Umgang mit dem Körper ist ein Paradebeispiel für die Lüge, die in der sogenannten *Befreiung* steckt, wenn sie zweckdienlich angelegt ist.

Alice Schwarzer schreibt: »Nicht die Lebensumstände und die Welt sollen sich ändern – der Körper soll es. Und wenn er erst anders, wenn er erst perfekt wäre, dann würden auch das Leben und die Welt wunderbar.« (S. 7)

Der Körper ist machbar

» ... danach riß man mir die Polypen heraus, ›regulierte‹ mein Gebiß – Kleinigkeiten, die genügten, um dem Körper klarzumachen, was ihm alles blühen konnte.« (Einzinger, S. 49)

Der Körper ist etwas, das gemacht wird. Er ist nie, wie er ist, sondern besser oder schlechter als er war, auf dem Weg zu einer neuen Form, in Entstehung, so, wie man ihn haben wollte...

Der Körper ist das Objekt, das Material des Veränderungswillens, der Auseinandersetzung, der Anpassungs- oder Unterscheidungslust. Der Körper ist das Erprobungsfeld für den Willen. Mit ihm läßt sich der direkteste Kampf führen. Und wer es nicht Kampf nennen will, der tarnt es missionarisch: Der Körper weiß nicht (mehr), was ihm gut tut, wie er richtig ist. Wohlbefinden ist trügerisch. Zu genau hat doch der Kopf gelernt, wie alles gut und richtig ist zwischen ihm und den Füßen.

Die Auffassung von einem natürlichen optimalen Körper führt seltsamerweise nicht zum Akzeptieren der verschiedensten Körper, sondern dient der Legitimation einer Norm. *Naturzustand* suggeriert nur irreführend Individualität, doch die überdimensionierte Ideologie des Naturzustands nivelliert das insofern, als in der Praxis nicht der Zustand, sondern die Wege zum Erreichen desselben die Verhaltensregel bilden.

Damit ist der Irrtum benannt, der die neuen Strömungen der Körperkultur, auch die körpertherapeutischen, verbindet. Von Body-building bis Atemtherapie zeichnen sich alle dadurch aus, »daß sie den Körper als Objekt betrachten, der in der vollen Verfügbarkeit der Interessen steht.« (Petzold, S.9) Doch wer hier über den Körper zu verfügen meint zugunsten höherer Zwecke, übersieht, daß die Verfügbarkeit des Körpers selbst Ziel ist; ein weltanschaulich notwendiges Ziel heutiger Konsum- und Leistungsorientiertheit.

Baudrillard erkennt: »Unsere Konsumgesellschaft lehnt natürlich jede restriktive Norm ab, ja sie schließt sie sogar aus Prinzip aus. Aber sie glaubte, eine harmonische Beziehung zwischen Mensch und Körper, die schon früher von Natur aus existierte, zu ermöglichen, indem sie den Körper in allen seinen Virtualitäten befreite. Hier handelt es sich um ein unglaubliches Mißverständnis.« Diese Befreiung macht den Körper zum Objekt der Fürsorge und »animiert das eigentliche Unternehmen der Selbstrepression, das heute ein Drittel der erwachsenen Bevölkerung der hochentwickelten Länder (und 50% der Frauen; amerikanische Umfrage: 300 von 446 Jugendlichen machen eine Diät) beeinflußt.« (1982, S.113ff.)

Die Versuche, sich für den abgedrängten, eingeschränkten Körper stark zu machen, laufen ins Leere, denn »Entfremdung und Enteignung des Körpers sind (...) soweit fortgeschritten, daß auch die gängigsten Widerstandsformen gegen die Abstraktion abstrakt bleiben.« (Kamper/Wulf 1982, S.15) Wie Kamper und Wulf erklären, basiert der historische Fortschritt europäischer Prägung auf der Trennung von Körper und Geist. Konsequent wird der Körper bis zur völligen Entfremdung entfernt, und das Denken macht sich breit. Eine Umkehr, »eine Indifferenz von Körper und Geist ist undenkbar, weil sich Denken, wie es gelernt wird, immer nur innerhalb der Differenz bewegen kann«. (S.14)

Alle Versprechen, die dem Körper gemacht werden, tragen von Anfang an die Spitze in sich, die sich gegen ihn wenden wird, wie das Beispiel von Kosmetik und Medizin zeigt: Ihr Versprechen, »unseren Körper länger zum Träger geistiger Spannkraft zu machen, ist in die Bürgerpflicht zu ewig jugendlicher Erscheinung umgemünzt worden.« (zur Lippe 1982, S. 27)

Wir haben unsere Körper also in unsere Verfügungsgewalt, in unser Eigentum überschrieben bekommen. Doch die Gesellschaft behält sich die Nutzungsrechte vor und das Recht, Vorschriften über die Pflege und Instandhaltung zu machen und einzuklagen. Das Recht des Körpers besteht darin, den Anforderungen zu entsprechen – oder die Folgen zu tragen. Also zu funktionieren –

oder nicht. Das Recht des Menschen an seinem Körper ist es, sich als Besitzer und Gestalter zu gebärden. Wer versucht, seinen Körper individuell, allein und selbst zu machen, der entgeht aber der ohnmächtigen Enttäuschung nicht. Denn die Leitung und Formung des Körpers durch den Geist, die Seele, das Wissen, den Menschen ... oder wie auch immer, erweist sich eindeutig als Verinnerlichung des gesellschaftlichen Verhältnisses von Benützer und benütztem Ding.

Bayr sagt dazu: »Das Bewußtsein von der Wirklichkeit des Körpers ist gleich dem von seinem mir eigenen Besitz und dessen Verfügbarkeit. Possessivpronomen und Suizid als letzte Disposition lassen ihn als der Dingwelt zugehörig erscheinen.« (S.19f.)

Der Körper ist Sprache und Symbol

»Dieses Ich, das einen Körper hat, und um seinen Körper weiß, hat genau genommen nichts anderes als diesen Körper, um sich darzustellen und auszudrücken. Der Körper ist bloß ein Stück lebendiges Fleisch – ohne die Bedeutungen und Zeichen, die er trägt. Aber diese sind ohne den Körper undenkbar; sogar die Sprache braucht die Zunge und mehr, hat also auch eine körperliche Seite.« (Jeggle 1986, S.40)

Der Körper spricht viele Sprachen; allgemeinverständliche, intime und Geheimsprachen. Er variiert Lautstärke und Deutlichkeit, will manchmal raffiniert in die Irre führen und überschätzt seine individuelle Ausdrucksfähigkeit des öfteren.

Oft genug staunt er selbst über seine Zeichen, die seine Individualität weit hinter sich lassen: Mary Douglas behauptet, »daß der menschliche Körper immer und in jedem Fall als Abbild der Gesellschaft aufgefaßt wird, daß es überhaupt keine ›natürliche‹, von der Dimension des Sozialen freie Wahrnehmung und Betrachtung des Körpers geben kann«. (S.106) So wenig die gesellschaftlichen Bedeutungszusammenhänge, die der Körper trägt, *natürlich* sind, so wenig sind sie auch individuell verantwortet, selbst wenn sie persönliche Aussagen machen. Doch sie bilden das Grundmaterial für Darstellung und Interpretierbarkeit.

Der Bioenergetiker Alexander Lowen schreibt: »Der Körper eines Menschen (sagt uns) viel über seine Persönlichkeit. Jemandes Haltung, Blick, Tonfall und Kieferstellung, die Haltung der Schultern und die Leichtigkeit der Bewegung oder die Unmittelbarkeit des Ausdrucksverhaltens sagen uns nicht nur, wer einer ist, sondern auch, ob dieser Mensch sein Leben genießt oder unglücklich ist und sich in seiner Haut nicht wohlfühlt.« (1983, S.32)

Der Körper signalisiert also unter anderem Glück oder Unglück. Natürlich ist diese Beobachtung Lowens differenzierter als einfaches Festmachen des idealen Lebens an einem idealen Körper, doch sie braucht eine fast ebenso einfache Definition des Glücks, nämlich daß Glück ein bestimmter Zustand des Körpers ist oder sich zumindest darin ausdrückt.

Mag diese Bedeutung des Körpers vielleicht natürlich, physiologisch, eher animalisch denn kulturell determiniert sein, die Wahrnehmung und Einordnung dieser Sprache in expliziter Deutlichkeit ist wieder Hinweis auf die kulturelle Entfremdung vom Körper. »Die Distanz zum naturalen Körper setzt diesen frei für Symbolisierungen: Ich kann mit meinem Körper etwas zeigen, ich kann ihn zum Zeichen machen.« (Ziehe 1986, S.17)

Nicht nur der bewußte Gebrauch des Körpers als Ausdrucksmedium, auch die Fähigkeit, die Zeichen, die der Körper als geschichtliches und soziales Wesen trägt, in Kriterien überindividueller Wertigkeit zu interpretieren, ist Wesensmerkmal der Distanz.

Lisa Lyon, die erste Weltmeisterin im Damen-Body-building verrät: »Ihr Körper bestimmt einen Großteil ihrer gesellschaftlichen Realität.« (Hoffmann, S.61) Bei aller Befreiung des Körpers, die ja darauf zielt, ihm diese umfassende Bedeutung zu erschließen, und die nicht zuletzt in dieser Distanz liegt, zeigt sich die Unvollständigkeit des Vorhabens, die stümperhafte Nutzung der symbolischen Möglichkeiten, zeigt sich der Schaden, der in den Mängeln der Phantasie liegt.

Petzold schreibt resigniert: »Der Kult der Körperlichkeit ist ohne Basis, unsensibel, blind, taub für die Dimensionen der Leiblichkeit: der Leib als Mikrokosmos, der Leib als Schicksal, der Leib als Verzauberung, der Leib als Schönheit und Exstase, aber auch der Leib als Ort ultimativer Gewalt, als geknechteter, gefolterter, zerrissener Leib. Und so bleibt die neue Begeisterung für den Körper nicht nur oberflächlich, von harmloser Nützlichkeit, sondern sie trägt bei zur Verdinglichung des Körpers, indem sie ihn in die Welt reproduzierbarer, verwertbarer Objekte einreiht, gut für die Arbeit, den Konsum, fürs Herzeigen und für das, was man Liebe nennt.« (S.9)

Der Körper ist das Absolute

»Man versteht den Körper, wie man Gott begreift. Mit anderen Worten, unsere Einstellung dem Körper gegenüber spiegelt jene Position wieder, die wir – ausdrücklich oder nicht – dem Absoluten gegenüber gewählt haben.« (Bernard, S. 8)

Spricht aus dem Zitat Bernards der Wunsch, sich einen Gott zu machen? Oder der, den Gott zu sehen, ihn also im Materiellen zu suchen?

Der Körper ist das Absolute; also Zentrum, Kern, Ausgangspunkt und Ziel; sowohl Schöpfer als auch Erlöser.

Ganzheitliche Körpersichten verflechten Körpereigenschaften und Persönlichkeitsmerkmale zu einem unauflöslichen Netz aus sich gegenseitig bedingenden Komponenten, das die Verantwortlichkeit für den Körper auf alle seine Aspekte ausdehnt.

Alexander Lowen schreibt: »Objektiv muß Gesundheit einen Zustand des Körpers darstellen, d.h. eines Körpers, der vital, lebendig, frei von chronischen Muskelverspannungen, koordiniert in seinen Bewegungen, harmonisch in seinen Teilen ist – einen Körper, mit dem die Persönlichkeit identifiziert ist. Mit anderen Worten, man kann Gesundheit nicht von den Attributen der Schönheit, der Anmut und der Wahrhaftigkeit trennen.« (S. 25)

Den Körper als Maß für das Leben, als das Absolute zu nehmen, kann sehr befreiend sein, weil es der alltäglich erfahrenen Realität zu ihrem Recht verhilft: Ich lebe in meinem Körper, ich lebe mit ihm, ich drücke mich durch ihn aus.

Andererseits stellen ganzheitliche Körperauffassungen, sobald der Begriff der individuellen Schuld – also Schuld an der Unförmigkeit, am Versagen, am Unglück – in sie hineingetragen wird, maßlose und unerfüllbare Forderungen.

Diese beiden Seiten machen das Bild der Ganzheit von Körper und Leben sowohl für emanzipatorische als auch für Gegenbewegungen interessant und verwendbar. Die Parallelen zwischen unterschiedlichsten Zugängen zum Körper sind bemerkenswert. Zum Beispiel finden sich bei der Body-building-Weltmeisterin Lisa Lyon deutliche Ähnlichkeiten zum Bioenergetiker Lowen. Sie setzt die Veränderung des Körpers, fast im Sinne von Analogiezauber, der Veränderung des Lebens gleich: »Je mehr Sie das Fett zwischen Haut und Muskeln abbauen, umso schärfer werden Ihre Sinneseindrücke und umso besser empfinden Sie Ihren Körper als Einheit. Sie werden nicht nur attraktiver, sondern es verbessert sich auch die Funktionstüchtigkeit Ihrer Organe. Dies steigert Ihr Empfindungsvermögen, Sie werden sinnlicher. (...) Mit einem anderen Körper, mit einem anderen Selbstgefühl und einer ganz persönlichen Einstellung steuern Sie auf ein ganz anderes Leben zu. Ihre Gefühlswelt ändert sich; Ihre Beziehungen zu anderen Menschen werden positiver; Sie werden attraktiver, produktiver im Beruf, im Bereich der Kunst und in der Liebe. Kurz, Sie legen den Grundstein für ein vollkommen neues Leben.« (Hoffmann, S.58f.)

Das Sprichwort »Jeder ist seines Glückes Schmied« umschreibt den Kern dieser Auffassungen: Jeder macht sich sein Glück selbst. Man braucht es nur zu wollen, braucht nur ernsthaft und ausdauernd seinen Körper zu trainieren, dann folgt die heile Welt hinterher. Doch so wichtig und richtig es ist, die eigene persönliche Lebensfähigkeit und -lust zu entwickeln, eine gehörige Portion Selbstbetrug ist darin enthalten! Diese völlig unpolitische Reduzierung auf den individuellen Aspekt, die die gesellschaftlichen Rahmenbedingungen außer acht läßt, ist bestenfalls naiv zu nennen, schlimmstenfalls ist sie bewußtes Mittel zur Stabilisierung des Herrschaftsgefüges.

Die öffentliche Aufmerksamkeit, die sich seit geraumer Zeit auf den Körper richtet, hat viel verschoben an seiner Stellung und Bedeutung. Baudrillard stellt fest, daß er einerseits eine ungeheure Aufwertung erlebt, wie es z.B. die moderne Ethik zeigt, »die im Gegensatz zur traditionellen Ethik, die wollte, daß der Körper dient, jedem Individuum befiehlt, seinem eigenen Körper zu dienen«. (1981, S.112) Doch andererseits werden alle Elemente von Widerständigkeit und damit weite Teile seiner Ausdrucks- und Handlungsmöglichkeiten, die eben auch als seine Freiheit verstanden werden können, aus dem Bild, das wir heutzutage vom Körper haben, entfernt.

»Seine ›Entdeckung‹, die lange Zeit eine Kritik des Sakralen in Richtung auf mehr Freiheit, Wahrheit, Emanzipation war, kurz gesagt: ein Kampf des Menschen gegen Gott, vollzieht sich heute unter dem Zeichen der Resakralisierung. Der Körperkult steht nicht mehr im Widerspruch zu dem der Seele: er löst ihn ab und erbt seine ideologische Funktion.« (Baudrillard 1981, S.105)

Protest und Auflehnung sind aus dem modernen Körperkult verschwunden. Die scheinbare Aufwertung des Körpers überlistet ihn, setzt ihn zur Stabilisierung der Herrschaftsstrukturen ein und schwächt seine eigenständigen Potentiale. So haben beispielsweise die kräftigen, an den Body-building-Maschinen gestählten Körper keine eigentliche Aufgabe. Sie zeigen die Sinnlosigkeit ihrer Muskeln in der Präsentation auf der Bühne. Ihre Kraft tritt völlig auf der Stelle. Auch die lufthungrigen nackten Körper reißen keine Tabus mehr ein und sind schon lange in das moralische Lügengebäude der Gesellschaft integriert.

Der Körper gilt nicht mehr als Gegenspieler des Geistes, er ist auch nicht nur sein Assistent, er steigt höher in der Hierarchie. Aber er kann nicht mehr ausscheren. Die Freiheit des Körpers ist ein Trugbild. Jedes Bemühen um den idealen Körper verpaßt ihm ein Korsett, immer wieder ein neues, doch eng sind sie alle. Auch die, die sich der Normierung verweigern wollen, die eben fressen oder hungern, sind solange auf dem Holzweg, solange sie ihre Kritik nicht bewußt auf die gesellschaftlichen Hintergründe ausdehnen, denn die Körper allein sind hilflos, sie bewirken zu wenig. Sie sprechen eine unbewußte Drohung gegen die gesellschaftlichen Machtpositionen aus. Aber um den Körper wirklich zu befreien, was eine für uns ziemlich unvorstellbare Lebensqualität bedeutet, muß es dem System an den engen Kragen gehen.

Eine Skizze der literarischen Gestalt des (dicken) Körpers

Alles, was gedacht und geschrieben werden kann, ist realer Ausdruck menschlicher Möglichkeiten. Was heute geschrieben wird, gehört zum heutigen Spektrum von Ansichten und Umgangsweisen. Es entsteht aus dem gesellschaftlichen Erfahrungshorizont und fließt ihm wieder zu. Auch phantastische Literatur ist Quelle für die Realität, nicht nur weil sie historisch, geographisch, sozial und durch die Person des Autors in *objektive* Wirklichkeiten eingebunden ist, sondern auch, weil eine durch und durch erfundene Figur durch die innere, persönliche Logik, die ihre Geschichte verstehbar macht, die gleiche Würde und Wirklichkeit als Möglichkeit menschlichen Verhaltens und Denkens erlangt, wie ein x-beliebiges Gegenüber aus Fleisch und Blut.

Meine Literaturauswahl ist willkürlich. Sie entspringt, mit Ausnahme der regionalen und zeitlichen Beschränkung auf das deutschsprachige Mitteleuropa der Gegenwart (also ungefähr die letzten zehn Jahre), einzig und allein meiner Leselust.

Es sind Beispiele, die kein vollständiges, empirisch belegtes Bild des *Gegenwartsmenschen* herstellen können, anhand deren sich aber einige theoretische Elemente des Umgangs mit dem (dicken) Körper, der Verwendung des Körpers, wie sie das vorherige Kapitel skizziert hat, personifizieren und identifizieren lassen.

Es lassen sich leicht jede Menge Zitate finden, die jene Zusammenhänge, die in wissenschaftlichen Texten benannt werden, in literarischer Form illustrieren. Ein paar Textstellen dieser Art, die in ihrer Deutlichkeit kaum einer Interpretation bedürfen, habe ich als Beispiel ausgewählt.

Im Anschluß daran gehe ich in Büchern von Barbara Frischmuth, Vilma Link und Martin Walser gründlicher auf die Suche nach körperlichen Spuren. An diesen Texten interessiert mich vor allem der Umstand, daß sie von *normalen* Leuten mit *normalen* Körpern handeln, daß nicht das Problem des dicken Körpers das ausgewiesene Thema der Geschichte ist. Und trotzdem drängt sich aus jeweils verschiedenen Gründen eine ausführliche Beschreibung der handelnden Körper auf, geht die Geschichte von den Körpern ihrer Figuren aus.

Ob die Körperbeschreibungen bewußt, als dramaturgisches Mittel oder als Ergebnis eingehender Gesellschaftsanalysen eingesetzt wurden, oder ob sie unbewußte Verarbeitung eigenen Erlebens sind, ist für die Interpretierbarkeit in diesem Rahmen nicht von grundlegender Bedeutung. Nach dem Reflexionsgrad dieses Wissens zu fragen, wäre in dem Fall eine andere Geschichte.

Auf die Frage, wann und wie das Bild eines Körpers nötig ist, um einen Menschen, einen sozialen Zusammenhang, eine Handlung zu charakterisieren, geben diese Textinterpretationen Antwort.

Christine Nöstlinger: Gretchen Sackmeier

Familie Sackmeier ist dick. Alle, Vater, Mutter, Oma, Gretchen, Hänschen und Mädi. Der Nachbarbub Konni nennt sie die «Säckke«. Die satte, dicke Familienidylle gerät ins Wanken, als Gretchens Mutter den Zusammenhang zwischen ihrer Figur und ihrem unbefriedigenden Leben erkennt und beides ändern will.

Mit der 14-jährigen Tochter wird die Relativität des Dickseins erläutert: »Sie war einen Meter und sechzig Zentimeter groß und wog vierundsechzig Kilo und dreihundert Gramm. Ob sie dick war, kann man schwer sagen, denn dick sein ist, wie vieles andere im Leben auch, eine ziemlich relative Angelegenheit. Im Turnsaal zwischen der stangendünnen Evelyn und der zaundürren Sabine in ihren 36er Gymnastikanzügen, kam sich Gretchen unheimlich fett vor; fetter als ein Kübel voll Gänseschmalz. Zu Hause, bei Papa, Mama, Hänschen und Mädi fühlte sich Gretchen eher als ranke und schlanke Person. Denn gegen Papas Bauch, Mamas Hüften, Hänschens Fettbusen und Mädis Hamsterbacken war Gretchens gleichmäßig (...) verteiltes Übergewicht ein Klacks!« (S.7)

Von diesen beiden Wahrnehmungen kann natürlich keine die *objektive* Wahrheit für sich beanspruchen, jede hat ihre eigene

Richtigkeit (nur engstirnige Mediziner können etwas anderes behaupten). Sehr viel mehr eindeutige Wahrheit hat folgende Bemerkung von Gretchens Mutter: »Unsereiner weiß ja schließlich, wie das ist! Wir Fülligen haben eben Minderwertigkeitskomplexe! Und da sind wir nicht selbst dran schuld!« (S.8f.)

Nur fehlt hier eine Erläuterung. Die Logik stimmt nicht nur in der einen Richtung. Auch Leute mit Minderwertigkeitskomplexen sind viel eher dick, nicht nur sicht- und meßbar, sondern vor allem im Gefühl des Benachteiligtseins, des unfreiwilligen Auffallens. Gretchen zum Beispiel hat Angst vor dem Angeschautwerden. In der Schule vermeidet sie möglichst Situationen, in denen sie vor der Klasse aufstehen, nach vorne gehen müßte. Und auch selber will sie ihren Körper lieber nicht sehen: »Gretchen badete nie freiwillig. Baden gehörte nicht zu ihren Lieblingsbeschäftigungen, und wenn sie, auf Wunsch der Mama, schließlich doch in die Wanne stieg, verbrauchte sie eine ganze Flasche Badeschaum. Nur wenn eine Schicht von mindestens zehn Zentimeter Schaum sie des Anblicks ihres nackten Körpers enthob, war Gretchen halbwegs badewillig.« (S.81)

Auch Gretchens Mutter würde in ihrer Form am liebsten nicht gesehen werden. Ständig zieht sie »seufzend ihren langen Pullover die Hüften abwärts. Das war ein ewiger Tick von ihr. Hundertmal am Tag zog sie am Pullover. (...) ›Speck verstecken‹ nannte Gretchens Vater grinsend diesen Pullover-Tick. Er versteckte seinen dicken Bauch nicht. Er trug ihn stolz über der Hose und gab kleine Stücke von ihm – zwischen den Hemdknöpfen – zur Besichtigung frei.« (S.9)

Ganz selbstverständlich erscheint es, daß Herr Sackmeier keine Schwierigkeiten mit seinem Bauch hat, daß er ihn «stolz« tragen kann. Natürlich, in seiner Familie haben riesige Bäuche auch Tradition. Gretchens Mutter hat eingeheiratet in die «verfressene Sackmeierfamilie«. Vorher war sie schlank, aber dann passierte die sichtbare Anpassung. Nun versteht die Oma die Abmagerungskur der Mama glatt als Verrat an der Sippe. Doch es liegt auf der Hand: Wer heute eine solche Familientradition mit sich herumschleppt und es schafft, damit vollkommen zufrieden zu sein, der muß eigentlich ein Mann sein.

Gretchens Mutter erkennt, daß die Familie sie mit Haut und Haar verschlungen, ihre Arbeitskraft und Kreativität vereinnahmt und ihren Körper für die totale Abhängigkeit zurechtgeformt hat. Sie emanzipiert sich, sucht Arbeit, beginnt eine Ausbildung, verliert an Gewicht und gewinnt an Selbstvertrauen. Auch Gretchen verändert sich, und ihr Körper, der ihr vorher, sobald sie ihn nur spürte, zu viel war, wird ihr schöner und angenehmer.

Die Geschichte stützt eindeutig die These, daß psychische und soziale Faktoren den Körper formen und daß Dicksein Ausdruck für Abhängigkeit und Anpassung sein kann.

Maxie Wander: Guten Morgen, du Schöne

Dieses Buch ist eine Sammlung protokollarischer Lebensbeschreibungen von Frauen in der DDR. Maxie Wander hat Interviews geführt und diese Texte literarisch bearbeitet.

Ute G., 24, Facharbeiterin, ledig, ein Kind.

Sie erzählt unter anderem über die Beziehung zu ihrem Freund: »Später möchte ick noch een Kind adoptieren, wenn ick mit dem Fernstudium fertig bin. Is ja ooch wejen der Fijur, wa? Ralph sagt: Wie du aussiehst, wenn du noch een Kind kriegst! Er is janz scharf uff ne jute Fijur. Und meine is wirklich nich besonders. Det is eigentlich mein Handicap, ooch wenn ick an die Männer denke. Ick hätte det vielleicht schon mal ausprobiert, aber dann denk ick mir: Für den Mann is det bestimmt keen Vergnüjen!« (S. 36f.)

Ute schildert Ralph durchaus nicht als gräßlichen Pascha, der über ihren Körper bestimmt. Aber sein Wunsch ist der Grund dafür, daß sie kein Kind mehr bekommen, sondern lieber eines adoptieren will. Es ist der einzige Grund, den sie nennt. Vorher hat sie erzählt, wie sie anfangs mit Ralphs Plänen mitging, nur um ihn nicht zu verlieren, »denn meine Liebe zu ihm war größer gewesen als von ihm zu mir«. (S. 36) Vielleicht kämpft sie noch mit einem Rest des Gefühls, ihm nicht zu genügen, so wie sie es sich nicht vorstellen kann, überhaupt anderen Männern zu gefallen, und lastet ihrem Körper, vielleicht mehr, als es Ralph tut, die Schuld daran an.

Dieser Text ist also ein Beispiel für die zweifelhafte Verbindung von *Idealfigur* und sexueller Attraktivität, die Frauen eine abhängige, körper- und lustfeindliche Verhaltensnorm aufzwingt.

Barbara F., 23, Graphikerin, ledig.

Barbara F. erzählt von einer Freundin, deren unbefriedigende Lebensführung sich in ihrem Körper sichtbar niedergeschlagen hat. Der dicke Körper spricht von Anpassung, Passivität und Resignation:

»Ne richtige Freundin hatte ich nicht, Martina war die einzige, mit der ich manchmal zusammen war. Die ist jetzt dick und hat Kinder und sitzt immer vorm Fernsehen und ist in die Partei eingetreten, ganz solide. Keine Probleme mehr. Die war schon immer anpassungsfähiger als ich. Aber es hat ihr ein bißchen weh getan, weil bei mir auf einmal so viel passierte, und bei ihr war's eben vorbei.« (S. 48f.)

Ganz solide. Keine Probleme mehr. Das ist nur zynisch zu verstehen. Die Frau, die sich mit ihrem Wunsch nach Sicherheit und geregeltem Leben ein Gefängnis erkauft hat, ist eine immerwährende Drohung. Die Art, wie die Attribute ihres Lebens völlig gleichwertig hintereinander aufgezählt werden, läßt sie logisch und notwendig zusammengehörig erscheinen.

Peter Sloterdijk: Der Zauberbaum

Der Magnetiseur Puysegur behandelt unter dem Zauberbaum zwei dicke Frauen, Mutter und Tochter. Seine Behandlung ist das perfekte Bild der psychischen Verflechtung einer gestörten Mutter-Tochter-Beziehung, die als einer der wesentlichen Gründe für Eßstörungen und Fettleibigkeit bei Frauen analysiert worden ist.

»Schließlich wandte er sich zu den beiden dicken Frauen, die heftig atmend und wimmernd in dem Kreis um die Ulme standen. Er führte beide ein paar Schritte abseits und befahl ihnen, sich in einer Linie Kopf an Kopf auf eine auf dem Erdboden ausgebreitete Plane zu legen. Er kniete sich neben den Frauen nieder und begann deren Frisuren aufzulösen, indem er ihre Haare in die Höhe zog und die Strähnen von beiden ineinander verquickte, so daß sie wie ein monströser Doppelkopf aussahen, aus dessen braunem Haarknäuel zwei runde weiße Gesichter in entgegengesetzten Richtungen hervorwuchsen. Dann ergriff der Marquis die Arme der beiden Frauen, die willenlos keuchend am Boden lagen, und breitete sie so nach beiden Seiten auf dem Boden aus, daß sie an den Händen einander berührten. ›Fühlen Sie, wie Sie miteinander zusammenhängen!‹ sagte er leise beschwörend zu den Frauen. ›Nehmen Sie wahr, daß Sie zusammen einen Kopf und einen Leib haben. Fühlen Sie, wie ich diesen gemeinsamen Leib mit dem Magnetstab berühre und nachzeichne. Gehen Sie beide in Ihrem Inneren mit dem Stab am Umriß Ihres Körpers entlang. Sie spüren den Stab ständig, gleich, ob ich die eine oder die andere berühre.‹« (S.260f.)

Die Haare verflochten, die Gesichter sehen in entgegengesetzte Richtungen, die Hände – die Handlungen – berühren sich, die Körper und ihre Empfindungen sind nicht getrennt. Als Puysegur die Hüfte der jungen Frau berührt, beginnt die Mutter zu schreien und sich aufzubäumen. Dieses Bild entspricht genau der grenzenlosen Beziehung zwischen Mutter und Tochter, die es beiden unmöglich macht, eigenständige Persönlichkeiten auszubilden, und die Abhängigkeitsverhältnisse sehr häufig im Bezug auf Nahrungsmittel und Eßverhalten festschreibt.

Puysegur zwingt seine Patientinnen später, ihren Haß und ihre Ohnmacht auszusprechen. Er ermutigt sie zur Lösung und zeigt jeder den Raum um sich herum, die Aura, die als Grenze nach eigenem Gutdünken zu verwenden ist. »Fühlen Sie den Raum um sich herum. Das ist für immer Ihr eigener Bezirk. (...) Sie werden nichts mehr hereinlassen, was Ihnen nicht wohltut. Kein fremdes Unglück wird Sie überfallen und bei Ihnen unterschlüpfen. Sie werden ganz leicht, meine Damen. Viel Gewicht fällt ab. Sie sind frei, nichts mehr zu tragen als sich selbst.« (S. 262f.)

Ingeborg Bachmann: Der Fall Franza

Ingeborg Bachmann stellt ein seltenes Beispiel für die positive Besetzung des runden, dicken Körpers vor. Es beschreibt charakteristischerweise eine Episode aus der Besatzungszeit nach dem zweiten Weltkrieg.

Die fünfzehnjährige Franza ist fasziniert von einem englischen Besatzungsoffizier: »Abends, wenn die Großeltern und Martin schliefen, endlich niemand mehr in der Küche war, zog sie sich vor dem Spiegel, der über dem Lavoir hing, aus und betrachtete ihren

Körper ganz genau, mit Betrübnis, sie rieb mit einem Lappen die rauhe Haut an den Armen und die Beine, aber sie war so mager, Haut und Knochen, obwohl sie auf einmal genug zu essen hatte, aber es setzte so schnell nichts an, es war hoffnungslos, keine Hüften, nur zwei heraustretende Kugeln an der Stelle und zwei zu kleine Brüste, und er hatte so viele Knochen, wie würde das gutgehen, er bestand bestimmt aus lauter losen Knochen, und wurde nur von der Uniform, dem festen Stoff aufrecht und zusammengehalten.« (S. 48f.)

Der Offizier kümmert sich um Franza, für alle im Ort »war das bald eine eindeutige Sache« (S. 49), doch Franza bleibt das Kind. Sie fahren nach Villach ins Spital, um ihre Mutter zu suchen. »Franza merkte, die beiden Großen nahmen schon alles in die Hand, denn die Frau Doktor Susanne Santner aus Wien war auch groß und vor allem rundlich, weich rundherum, eingebettet in ein angenehmes Fleisch.« (S. 49) Franza verstand, »daß so ein langer, knochiger Mann eine so warme und große Frau brauchte und nicht eine dürre Spindel, und wenn ihr die Tränen kamen, dann weil sie froh war, sie liebte die Liebe der beiden, eine große einzigartige Liebe wurde für Franza daraus, (...) «. (S. 50)

Der dicke Körper zeigt hier nicht nur Sattheit, Wohlgenährheit, sondern ist vor allem ein Symbol für Sexualität, für Reife, für Erwachsensein. Die Merkmale sind streng kausal verbunden: Die Großen nahmen alles in die Hand, denn die Frau Santner war groß und vor allem rundlich.

Der deutliche körperliche Unterschied zur erwachsenen Frau macht Franza die ungeheure Spannung erträglich. Weder das Abgewiesensein noch die sexuelle Angst und Neugier werden zum alles beherrschenden Problem, denn im runden Leib der Frau Doktor Santner sind alle Träume gut aufgehoben.

John Ronald R. Tolkien: Der kleine Hobbit

Bombur, der kleine Hobbit, etwas dick und behäbig und eigentlich sehr gerne gemütlich zu Hause, ist mit dreizehn Kumpanen auf einer schwierigen und gefährlichen Expedition unterwegs. Zwei Beispiele zeigen, wie Hinweise auf einen dicken Körper eingesetzt werden können, von anderen und auch von einem selbst.

Bombur will sich einem Befehl widersetzen und wird zurechtgewiesen: »›Ich bin immer der letzte, das paßt mir gar nicht‹, brummte Bombur. ›Laßt diesmal einen anderen an den Schluß.‹ ›Wenn ihr nicht so fett wäret! Da ihr es aber seid, müßt ihr bei der leichtesten und letzten Bootslast sein. Fangt nicht an, gegen Befehle zu murren, oder es wird euch noch etwas Übles zustoßen.‹« (S.148) Der Hinweis auf Bomburs fetten Körper dient nur zur Einkleidung der machtvollen Zurechtweisung. Er will aufbegehren und wird sofort in seine Schranken gewiesen. Daß die *Schranken* seines Körpers, die scheinbar alles begründen, nicht der wahre Grund sind, zeigt die nachfolgende Drohung.

Doch Bombur setzt auch selbst seinen Körper ein, um Unbequemes von sich fern zu halten. Einmal soll er wie alle anderen an einem Tau einen steilen Felsen hochgezogen werden.

»›Ich bin zu fett für solche Flugpartien‹, sagte er. ›Ich würde bloß schwindlig, träte auf meinen Bart, und dann wärt ihr wieder nur dreizehn. Außerdem sind die aneinandergeknoteten Taue viel zu dünn für mein Gewicht.‹ Glücklicherweise stimmte das nicht, wie man bald sehen wird.« (S.210)

Hier entlarvt Bombur selbst seine Lüge. Was hat sein Körpergewicht damit zu tun, daß er sich auf den Bart treten und schwindlig werden könnte?

Dieses Beispiel ist zwar einem Märchen entnommen, doch das beschriebene Verhalten ist ein reales Phänomen. Für viele dicke Menschen trifft zu, daß sie ihr Fett verwenden, um Unbekanntes, Unangenehmes, Anstrengendes, vielleicht Gefährliches abzuwehren.

Nun folgen drei ausführliche Textbeispiele. Bei keinem ist der dicke Körper das zentrale Thema, doch die Personen, ihre Charakteristik, die Logik ihrer Handlungsweise werden jeweils wesentlich durch körperliche Beschreibungen eingeführt und erklärt.

Eine Menschwerdung

Barbara Frischmuth

Die Mystifikationen der Sophie Silber, Amy oder Die Metamorphose, Kai und die Liebe zu den Modellen: Diese Trilogie führt zwei Hauptfiguren, die beiden Frauen Amaryllis Sternwieser bzw. Amy Stern und Sophie Silber durch sehr unterschiedliche Räume, durch phantastische und sehr realistische Erfahrungswelten. Sie beginnt mit einer Auseinandersetzung zwischen Feen- und Menschenwelt, führt eine Fee in die Menschenwelt ein, begleitet sie bis zur endgültigen Entscheidung für ein menschliches, zeitliches Dasein, symbolisiert durch die Mutterschaft, und geht noch ein Stück mit ihrem Leben mit.

Das erste Buch beschreibt zwei verschiedene Welten oder zwei Möglichkeiten der Welt. Es beschreibt die Wege und Möglichkeiten der Vermittlung und der eindeutigen Grenzziehung. In der Gegenüberstellung zeigt es die notwendigen und die unnötigen Bestimmungsmerkmale der menschlichen Lebenswelt.

Das zweite Buch beginnt mit dem Aufwachen der Fee Amaryllis Sternwieser in der menschlichen Gestalt Amy Stern und zeigt ihr Suchen und Erproben der menschlichen Existenz.

Das dritte Buch begleitet Amy Sterns Leben mit ihrem Sohn Kai. Die Charakterisierung der Welten, die Übergänge, Erfahrungen und Erkenntnisse werden in körperliche Vorgänge und Erlebnisse eingebunden. Die körperliche Wahrnehmung der Person und die Beschreibung für den Leser sind bestimmend für die Geschichte.

Ich möchte die Textstellen herausgreifen, in denen die Autorin das Bild von Leben und Persönlichkeit ihrer Figuren entwirft, also jene Passagen, in denen Amaryllis, Sophie und Amy vorgestellt und in ihre Rolle in der Geschichte eingeführt werden. Es wird sich zeigen, daß der Körper auf jeweils unterschiedliche Weise eine entscheidende Bedeutung hat und daß sich im Vergleich eine spezifische Auffassung der in einen körperlichen Bezugsrahmen eingebundenen Bestimmungsmerkmale einer menschlichen Existenz abzeichnet.

Die Mystifikationen der Sophie Silber

Die Fee Amaryllis Sternwieser und ihre «Kollegen«, die Elfen, Nixen, Wasser- und Luftgeister, Zwerge, Wildfrauen usw., mußten feststellen, daß ihr Einfluß auf die «Enterischen«, die Menschen, nachgelassen hatte, daß sie zu deren Nachteil zu viel ihrer Macht abgetreten und sich in ein bequemes Leben zurückgezogen, sich zu weit voneinander entfernt hatten. Sie halten nun einen Kongreß ab, um über ihre Rolle auf der Welt zu beratschlagen. Sie suchen neue Kenntnisse, neue Anstöße, um Kontakt aufzunehmen, und haben zu diesem Zweck die Schauspielerin Sophie Silber eingeladen. In deren Gedanken, Gefühlen und Handlungen wollen sie jene Veränderungen und Charakteristika der Welt finden, die nachzuvollziehen notwendig ist, um wieder in einen fruchtbaren Kontakt mit den Enterischen zu treten. Nach dem Kongreß entscheiden sich einige der «Länger-existierenden-Wesen« für die «Rückkehr in die Dinge« und den «Wandel der Gestalt«, entscheiden sich, ein menschliches Leben anzunehmen.

Für die Person der Amaryllis Sternwieser ist es wichtig, daß sie in ihren Berührungspunkten mit der menschlichen Welt geschildert wird, denn ihr schreibt das Buch im wesentlichen die Vermittlerrolle zu. Doch es ist eines ihrer markantesten Charakteristika, daß sie den Details des menschlichen Lebens nicht ausgeliefert ist, sie kann also ziemlich selbstbestimmt mit Vor- und Nachteilen operieren. Ihre Feenexistenz ist ihre Möglichkeit sich zu distanzieren.

Im ersten Satz des Buches zeigt sie sich als Körper mit durchaus natürlichem und keineswegs übersinnlichem Empfinden: »Der Stein war an einem warmen Vorsaison-Abend des letzten Saturnjahres ins Rollen gekommen, genauer gesagt in dem Augenblick, als Amaryllis Sternwieser über denselben stolperte und alle Feenkraft ihr den ersten plötzlichen Schmerz in der großen Zehe nicht ersparen konnte.« (S. 5) Doch gleich darauf lindern die zartgliedrigen Feenhände ihrer Begleiterinnen (aber nicht nur, auch die Zunge ihres Dackels) den Schmerz. Der Schmerz ist eine Möglichkeit, ebenso, wie es eine Möglichkeit ist, in der landesüblichen Tracht des Salzkammergutes einen Spaziergang zu machen. Es ist ihre Wahl, körperlich sichtbar und daher in der Lage zu sein, mit angenehmen und unangenehmen Empfindungen zu spielen.

Die Feen gelangen auf ihrem Spaziergang zu einem Haus, in dem Freunde sie erwarten. »Sowie die drei Feen die Stimmen gewahrt hatten, glätteten sich ihre Gesichter, die ansonsten nicht gerade alt, aber von einer gewissen Dignität, die ein Zeichen der besseren Jahre ist, geprägt waren. Ihre Wangen überzogen sich mit Rosenglanz, und ihre Augen wurden groß und strahlten, als hätten sie Belladonna eingetropft. Und selbst von den Armen der Amaryllis Sternwieser verschwanden die Sommersprossen und leidigen Fältchen, und sie wurden straff und weiß wie seinerzeit, als Alpinox ihr den Hof gemacht hatte, aber das ist eine andere Geschichte.« (S.6f.)

Die Details dieses Zitats werden erst in der Gegenüberstellung zu Sophie Silber bedeutsam. Ich möchte sie daher hier nur markieren:

1. Die Feen führen eine Auseinandersetzung mit dem Altern des Körpers. Die Zeichen können zwar zum Verschwinden gebracht werden, doch zunächst werden sie bemerkt, registriert.
2. Dieses Bemerken ist nicht wertfrei. Es sind «leidige« Fältchen und Sommersprossen.
3. Die körperlichen Retuschen werden notwendig, wenn sich der Kreis der Personen (vor allem um Männer) erweitert.
4. Der Körper kann als Quelle der Erinnerung dienen (» ...wie seinerzeit, als Alpinox ihr den Hof gemacht hatte, ...«).

Sophie Silber begegnen wir das erste Mal an der Hotelrezeption. Schon der erste Satz führt ein in die Selbstverständlichkeit körperlicher Gesten, mit denen sie sich pflegt, kontrolliert und präsentiert. »Sie zog ihren Personalausweis aus der schon geöffneten Tasche und schob dann mit dem Daumen derselben Hand die Haut am Ringfingernagel zurück.« (S.16)

Gleich darauf wird Sophie in den Bereich ihrer selbst geführt, der sie ihrerseits den Feen annähert, in die träumerisch verlorene Erinnerung.

Einzelne Sätze über den Ort ihrer Kindheit, ihre Mutter, über Silber, den Mann, dessen Namen sie trägt, ihren Beruf usw. genügen, um anzudeuten, welche Teile ihrer Vergangenheit sie in den nächsten Tagen erinnern wird. Jeder Gedanke liegt eingebettet in ihre automatischen Verrichtungen: das Zimmer begutachten, ihr Gesicht waschen, den Koffer auspacken...

»Sie trug noch ihr Reisekostüm, ebenfalls eine Angewohnheit aus der Tourneezeit, sich nur dann umzuziehen, wenn es wirklich nötig war. Sie betrachtete sich einen Augenblick lang in dem Spiegel neben der Portiersloge, stellte mit Befriedigung fest, daß ihre Figur recht passabel war, und da der Portier und auch sonst niemand in der Nähe war, trat sie näher und fuhr sich mit den kleinen Fingern mehrmals und in leicht massierenden Bewegungen über die Jochbeine, rollte auch mit beiden Augäpfeln und strich mit den Mittelfingern gegen die natürliche Richtung der Augenbrauen, was diesen eine zarte Buschigkeit verlieh, die die Ausdruckskraft ihres Blickes erhöhte.« (S.19)

Bevor Sophie ausgeht, in diesem Fall zu einem Besuch bei Amaryllis Sternwieser, sind also kleine Vorbereitungen nötig. Nicht nur der Kontrollblick auf die Figur, auch kleine Entspannungsübungen und Tricks sind ihr geläufig. Natürlich, Sophie ist Schauspielerin, sie ist es gewohnt, mit ihrem Äußeren zu arbeiten. Es bleibt nur die Frage, warum die Feen, bzw. die Autorin, eine Schauspielerin für die geeignete Repräsentantin des menschlichen Lebens halten. Es muß also genau auf dieses Bewußtsein von körperlicher Wirkung, auf die technisch automatisierte Zurichtung und auf die ständige Präsenz der eigenen körperlichen Erscheinung in Gedanken und Gefühlen ankommen.

Für den ersten Abend im Hotel sind dann schon ausführlichere Vorbereitungen nötig: »Sie hatte ein erfrischendes Bad mit einem Kräuterzusatz genommen und ihr Make-up erneuert, sich überhaupt wie für einen Auftritt zurecht gemacht, wenn auch für keine bestimmte Rolle. Ein elegantes, weniger von den Farben, als vom Schnitt her auffallendes Seidenkleid, dazu Perlen und nur einen Ring. Sie konnte es sich erlauben, schöne Schuhe zu tragen, ihre Beine waren weder geschwollen, noch hatte sie Krampfadern. Sie nahm Taschentuch, Lippenstift und Puder aus ihrer Handtasche und steckte sie in ein Jugendstilabendtäschchen, in dessen Messingbügel Blumenornamente gepreßt waren. Der erste Eindruck ist meist entscheidend. Sie prüfte, ob ihre Wimpern fest genug saßen, und begutachtete bei voller Beleuchtung ihre Puderauflage. Man kann nie wissen, das Schicksal entscheidet sich in den seltsamsten Momenten.« (S. 24)

Sophies Abendtoilette zeigt die Gleichwertigkeit von Körper und Zubehör unter dem Aspekt des wirkungsvollen Auftritts. Perlen, ein Ring und ihre Beine gehören nicht verschiedenen Kategorien an. Die Beschreibung des schönen Jugendstiltäschchens ist nicht ausführlicher, aber auch nicht nachlässiger als die ihrer makellosen Beine. In ihrer Rolle der Konstituierung des Bildes der Person sind Körper und Accessoires nicht zu unterscheiden.

«Man kann nie wissen...«: Sophie kann kaum entspannt in ihrem Körper auftreten, umso weniger, je unklarer ihre Rolle noch ist. In diesem Fall wird sich zeigen, daß ihr Instinkt sie verlassen hat, daß sie völlig falsch gekleidet ist (alle anderen im Speisesaal tragen Trachtengewänder). Was sie glaubte, sich «erlauben zu können« aufgrund ihres Körpers, ihrer schönen Beine, und was sie glaubte, sich und ihrer Erscheinung schuldig zu sein an Exklusivität, das verbietet ihr die Gesellschaft, die sie vorfindet, indem diese sie auf ihre Unsicherheit zurückwirft, einfach indem ihrer Verkleidung die erwartete Wirkung versagt wird.

An diesem Abend wechselt Sophie noch kein Wort mit den Gästen des Kongresses, von dem sie natürlich nichts weiß, sie ist auf Einladung der Amaryllis Sternwieser hier.

Beim nächsten Mittagessen muß Sophie enttäuscht feststellen, daß die anderen noch nicht da sind.

»Der Kellner lächelte. Die Damen schlafen lang, und das Frühstück wird ihnen ans Bett gebracht. Zum Essen kommen sie meistens erst spät.

Sophie, die sich nicht allzu interessiert zeigen wollte, machte keine Bemerkung dazu, sondern bat nur, ihr zur Hauptspeise keine Erdäpfel zu servieren. Sie wissen..., erklärte sie, man denkt nicht daran und ißt sie doch, mit dem Erfolg, daß man sich nicht mehr auf die Waage traut.

Auch ihre Mutter hatte in puncto Linie immer Haltung bewahrt und streng darauf geachtet, nicht zuzunehmen. Bei Frittaten hatte allerdings auch sie nicht wiederstehen können, und sie machte sie immer dann, wenn Silber da war, als Ausrede vor sich selbst.« (S.49f.)

Sie versinkt in Gedanken über Silber, den Freund ihrer Mutter, dessen Namen sie später angenommen hat, und wacht erst auf aus ihrer Versunkenheit, als die anderen Gäste schon lange Platz genommen haben. »Sophie blickte um sich. Sie war so sehr in der Erwartung versunken gewesen, daß sie weder das Kommen der

Damen, die bereits aßen, noch den Umstand bemerkt hatte, daß sie selbst bereits mit dem Essen fertig war. Sie schüttelte über sich den Kopf, und Herr Alpinox, der zu wissen schien, was in ihr vorging, meinte, von Zeit zu Zeit ist die Erinnerung so notwendig wie ein Teller mit Speise und ein Glas mit Wein.« (S.78)

Die Bedeutung des Essens geht über den uns selbstverständlichen Zusammenhang von Essenszeit und Kommunikationsmöglichkeit hinaus. Für Sophie ist es auch eine Möglichkeit, mit der Spannung, die sie empfindet, umzugehen. Sie wartet auf die anderen, ist neugierig, will ihre Neugierde nicht zeigen... Wie erleichternd ist ein Gespräch über Essen, Kartoffeln, Körpergewicht. Sogar gegenüber dem Kellner, mit dem sie sonst nichts verbindet, läßt dieser eine Satz den Funken Vertrautheit, den das Wissen um ähnliche, jedenfalls bekannte Probleme erzeugt, aufblitzen, der ihre Nervosität beruhigt. Auch ihre Erinnerung knüpft direkt an die Vorstellung des Essens an. Sie bindet sich selbst ein in die Beziehung zur Mutter, in die Ähnlichkeit, die sie entlastet, die ihrer Sorge um die Figur und gleichzeitig dem ständigen kleinen Selbstbetrug das bißchen Tradition und Allgemeinheit gibt, mit dem sie, die gewandte Frau, dann auch in der Öffentlichkeit spielen kann. Und nicht zuletzt hilft ihr das Essen, der Essensanlaß, in jene Erinnerungen zu gleiten, die die Berührung mit den Feen herstellen. Alpinox erklärt ihr eigentlich diesen Übergang, indem er die Notwendigkeit von Essen und Erinnerung vergleicht, ihr also die Scheu vor dem eigenen, sie selbst überraschenden Versunkensein mit dem Hinweis auf das ihr näher liegende Hingeben des Körpers an Hunger und Essen nimmt.

Wenn sie sich ihrer Erinnerung und damit den Händen der fremden Wesen überläßt, dann vergißt sie folgerichtig das Essen, bemerkt es nicht mehr.

Amy oder Die Metamorphose

Amy Stern erwacht in ihr menschliches Leben, in ihren Körper, in ihre Geschichte.

»Die Schultern nackt und von einer Glätte, an der der Träger des Nachtgewands abrutscht. Und da auch schon Haar, dunkles, zu einem dicken Zopf geflochten, eingeklemmt zwischen Hals und Schulter, verlaufend bis über die Brust. (...)

Die Beine angezogen, ein Kegel unter der Decke, straffe Haut und das Gefühl von Wärme, im gegenseitigen Aneinanderreiben, dann der unwiderstehliche Wunsch sich zu strecken, oh, ja, und zu dehnen, um so, die Lage verändernd, besser an sich herabsehen zu können. Lackierte Zehennägel, beinah altrosa, aber ohne Sprünge, Abblätterungen.

Und nun sich ganz herumdrehen und den Oberkörper leicht anheben, daß die Brüste wieder in ihre eigentliche Form auslaufen. – Keine Schwere, aber auch nicht knabenhaft schwach, sparsam im Fettgewebe, Fettgewebe? Sich fallen lassen, ganz flach hingestreckt, den Kopf neben dem Kissen, und sich fühlen lassen. Mit der Hand nach Narben tastend, nach Ausmaßen und der allgemeinen Beschaffenheit. Umd immer mehr von sich Besitz ergreifen, Hautstück für Hautstück, Haar um Haar, sich nachgehend bis an die Zähne. Und daraufhin nach den Ohren greifen, die Nase am Bettuch reiben, und wieder das Haar, der Hinterkopf, die eigene Schädelform, die Stirnwölbung, der Knochenring der Augenhöhlen, und darin die Augen, die Augen? Welche Farbe haben die Augen? Und da muß sie sofort ihre Augen sehen.

Der Spiegel über der Kommode – oval – elliptisch. (...)

Da aber trifft der Blick auf den Blick. (...) Mund liegt auf Mund, die Scheibe beschlägt sich. Als würde dem Spiegelbild Leben eingehaucht. (...)

Und mitten im Raum ins Stocken geraten, über die Schulter hinweg die Kommode suchen, den Spiegel. Aus dieser Entfernung mehr von sich wahrnehmen, bis zur Hüfte, im schräg einfallenden Licht. In gewissem Sinne Zufriedenheit, rein optisch, aber immerhin. Sich nicht vom ersten Augenblick an hassen müssen.« (S.5ff.)

Amy Stern beginnt dieses Leben, indem sie sich begreift, ihren Körper betastet. Erst befühlt sie ihn, dann erst verlangt sie ihn zu sehen.

Die Textpassage klingt fast wie eine Aufzählung der Körperteile, auf Vollständigkeit bedacht. Doch fällt auf, daß schon bei der ersten Wahrnehmung der Körper nicht das unvoreingenommen zu Erkundende ist, sondern seine Ausmaße, seine Beschaffenheit akzeptiert werden müssen. Es wäre genauso gut möglich, seinen Körper vom ersten Augenblick an zu hassen. Diese Möglichkeit gibt der zunächst durchaus freundlichen Untersuchung des Körpers auch Worte ein, die stutzig machen. Fettgewebe! Ein Wort, das so sachlich, gegenständlich auftritt, daß es auch ohne nähere Bestimmung fremd neben Schultern und warmen Beinen steht. Sogar die lackierten Zehennägel wirken natürlicher. Kein Zögern befällt Amy, wenn sie diese nennt, und nicht einmal im ersten Moment ihres menschlichen Erwachens muß sie einen Unterschied zwischen ihrem Körper und den kosmetischen Zutaten machen. Der Kontrollblick auf die Figur ist eine der leiblichen Erinnerungen, in die sie automatisch schlüpft. Sie haucht ihrem Spiegelbild Leben ein, damit es seine Kontrollfunktion wahrnehmen kann.

Nachdem Amy ihren Körper gespürt und gesehen hat, erkundet sie ihre Wohnung, den Blick aus dem Fenster, und dann: »... eine unendlich vertraute Empfindung mit dem Sitz etwas tiefer als das Herz, deutlich und immer fordernder: Hunger.« (S.9)

Ihre persönliche Geschichte muß Amy, die Fee, erst lernen, aus dem Raum, aus den Dingen, aus eigenen automatischen Gesten, die ihre Erinnerung rufen. Sie bleibt dabei unsicher sich selbst gegenüber, bis die «vertraute Empfindung« in der Mitte des Körpers ihr eine eigene, in sich selbst liegende Bestätigung gibt.

»Amy Stein ißt. Nimmt etwas zu sich. Ernährt sich. Setzt sich zusammen.

Dieses offensichtliche Moment der Personenbildung läßt sie mit einemal lächeln. Am liebsten würde sie noch ein paar Eier in die Pfanne schlagen.« (S.10)

Amy Sterns physische Person, die durch die Wahrnehmung des Körpers, des Raumes, der Bestimmungsmerkmale Kleidung, Bücher, sonstige Gegenstände usw. noch nicht ausreichend definiert war, ist nun durch das Essen vollständig gemacht, in die Lage versetzt, einen Schritt weiter zu wagen.

Sie geht auf die Straße. Ihre Schritte und eine dunkle Erinnerung lenken sie zu einem Café, in dem sie als Serviererin arbeitet. In diesem Lokal trifft sie die ersten Menschen, die näher beschrieben werden, die in einer Beziehung zu ihr stehen. Ihre soziale Person konstituiert sich also in einem öffentlichen Essenszusammenhang.

Das erste längere Gespräch führt sie mit Mares, die in der Küche des Cafés arbeitet.

»Na, sagt Mares, daß der Hunger dich endlich in meine Arme treibt.« (S.23.) Sie richtet Amy etwas zu essen an. Über den Zukker im Salat nehmen sie die Unterhaltung auf. Mares sagt: »Übel wird mir davon, wenn ich mir vorstelle, wie all diese Leute Geschmack an diesem Geschmack finden, einem naturwidrigen Geschmack. Manchmal frage ich mich, ob nicht er es ist, der aus den Leuten in dieser Stadt etwas anderes gemacht hat. Etwas, das ich nicht verstehen kann. Nicht nur, daß sie anders reden, aber auch das hängt mit dem Mund zusammen, wie der Geschmack. Sie sind anders. Es gefallen ihnen andere Dinge. Dinge, in denen immer alles in allem ist. So wie sie den Geschmack von Essig, Öl, Salz und Zucker auf einmal haben wollen.« (S.24)

Essen ist die reinste Philosophie.

Die Autorin erklärt mit dieser Stelle, warum sie sämtliche Zusammenhänge mit Nahrungsmitteln tatsächlich oder symbolisch geeignet findet, einen Zugang zum Leben zu erwischen. Das Essen dient als Schlüssel zu den wesentlichen Lebensbereichen und als körpereigene Interpretationsgrundlage.

Nachdem Mares noch über ihre Arbeit in dieser Küche geschimpft hat, erzählt sie, was sie sich selbst kocht, wenn sie sich verwöhnen will: Kartoffelscheiben, auf der Herdplatte geröstet.

»Ich schaue ihnen zu, bis ich sie wieder von der Herdplatte nehme, und du kannst mir glauben, daß ich ein ähnliches Gefühl dabei habe wie früher zu Hause, am Sonntag in der Kirche. Wenn ich sie würze, ist es, als wäre ich zur Priesterin geworden, die anstatt Weihwasser Salz über die Kinder der Erde streut. Und wenn ich sie mir Scheibe für Scheibe auf die Zunge lege, spende ich mir selbst eine Art von heiliger Kommunion.« (S.26)

Diese Gesprächsthemen erscheinen bei näherer Betrachtung nicht mehr willkürlich. Amy Sterns Lebenskraft steht noch auf wackeligen Beinen. Die lebenserhaltenden Mittel und Wege des Alltags, in körperlicher und seelischer Hinsicht, können ihr noch nicht so vertraut sein. Mares, die das Essen verteilt, gibt ihr auch die Philosophie dazu, um selbständig darauf bauen zu können.

Ganz anders verläuft das Gespräch, das Amy mit ihrer Kollegin Rosalind führt. Auch da ist sehr bald Essen das Thema. Doch Rosalind erzählt von ihrer Familie, die, seit sie in dem Cafe arbeitet, eine Selbständigkeit erlangt hat, die Rosalind kränkt und beleidigt.

Der Haushalt funktioniert ohne sie, die Kinder und ihr Mann essen im Gasthaus, und wenn sie am Wochenende kocht, dann bleibt das erhoffte Lob für ihre Künste aus, weil sich der Geschmack schon verändert hat.

»Was aber das schlimmste von allem ist, sie akzeptieren mich nicht mehr als – wie soll ich es nur ausdrücken – als Nährerin.« (S.37)

Rosalind reißt damit das Problem an, das für Amy bald das bestimmende wird: Die Frage nach ihrer Stellung als Frau, nach ihrer Aufgabe, ihrer Rolle in Familie und anderen Beziehungen, nach den Quellen, aus denen sie als Frau ihr Selbstverständnis ziehen kann. Wieder erscheint es nicht zufällig, daß die Autorin, um diesen Problemkreis einzuführen, ein Gespräch über das Essen wählt. Es ist Teil einer konsequenten Abfolge.

Zu diesem Zweck schlage ich noch kurz das dritte Buch der Trilogie auf. Am Schluß des zweiten Buches entscheidet sich Amy, die größte Herausforderung ihres noch kurzen Lebens anzunehmen und ein Kind auf die Welt zu bringen. Sie bindet sich damit endgültig ein in die Generationenabfolge des menschlichen Lebens und steuert auf die Funktionen und Auseinandersetzungen zu, die Rosalind ihr angedeutet hat.

Kai oder Die Liebe zu den Modellen

Das dritte Buch beginnt auf dem Markt.

»Der Marktplatz überschwemmt von Früchten, zur Stunde der Fülle, die noch alles bereithält für das essende Auge. Die Düfte sind frisch, und der Geruch nach Schweiß wird überlagert von dem Duft der Nektarinen, der Melonen und der Eierschwämme, des jungen Lauchs und der Paradeispaprika.« (S.5)

Also wieder wird Amy in einem Essenszusammenhang vorgestellt: einkaufen, versorgen. Dieses Buch steht unter dem Zeichen von Amys Auseinandersetzung mit ihrer Mutterrolle. Und Kai, ihr Sohn? Das Essen, das symbolisch für Amys Mutterrolle steht, stellt auch Kai vor, der seine Selbständigkeit, seine kleinen Entfernungen von Amy, unter dem gleichen Symbol «Essen besorgen« behauptet: »Und da kommt Kai, das Kind meiner Nöte und Träume.

Er hat beim nächsten Stand Brot geholt und freut sich schon über diese kleinwinzige Selbständigkeit.« (S.6)

Das Essen hat als stärkstes Symbol die ganze Menschwerdung Amy Sterns begleitet. Mit ihrer ersten Mahlzeit »setzt sie sich zusammen«, bildet sich ihre Person. Ihre ersten sozialen Beziehungen mit den Kolleginnen im Café Windrose werden über das Essen vermittelt, ihrer Frauenrolle, ihrer Mutterrolle nähert sie sich darüber an. Mares erklärt ihr den physischen und psychischen Rückzug, den das Essen ermöglicht, führt sie ein in diesen weiblichen Reproduktionsbereich, Rosalind erschließt ihr die meist unselige Verquickung von Mutterrolle und Ernährung.

Und Amy Stern nimmt an, das menschliche Dasein, die Herausforderung, ihr Kind. Sie stellt sich dem Leben als Frau, als Mutter und begegnet den Lesern in der dafür symbolhaftesten Situation: sie kauft ein, besorgt Lebensmittel. Und so, wie ganz am Beginn des Textes Sophie Silber sich beim Essen ihrer Mutter, ihrer Gemeinsamkeiten und Rivalitäten erinnert, so wird das Bild des Essens auch für Mutter und Sohn verwendet. Auf dem von Früchten überschwemmten Markt zeigt sich die Beziehung von Amy und Kai in ihren typischen Ambivalenzen von Nähe und sich Entfernen, von Abhängigkeiten und Selbständigkeit.

Der verkaufte Körper

Vilma Link: Vorzimmer

Vilma Link ist Sekretärin in einer großen Firma. Sie erzählt von ihrem Alltag, ihrem Achtstunden-Arbeitstag und ihren »eigenen« Stunden rundherum. Ihre Beschreibung ist teilweise stark distanziert, denn sie ist dabei, sich aus der Geborgenheitslüge des Betriebs zu lösen und ihre Stellung aufzugeben.

Ich verwende wiederum die Textpassagen am Beginn des Buches, in denen die wichtigsten Personen vorgestellt werden.

Das ist zunächst die Autorin selbst, die die Leser vom ersten Augenaufschlagen an ihren Tag mitgehen läßt.

»Um aufstehen zu können, mußte die Bewegungsunfähigkeit umgewandelt werden in den Willen, den Körper wieder sinnvoll einander zugeordnete Bewegungen ausführen zu lassen: Augen, Hände, Füße wieder in Besitz nehmen. (...)

Probebewegungen. Meine Glieder an geordnetes, zweckmäßiges Hin und Her, Auf und Ab zu gewöhnen. Ich bringe die Zehen zum Knacken, kreise mit den Füßen, ziehe die Knie an, strecke die Beine ganz lang, schnippe mit den Fingern, balle die Hände zur Faust. Ihr werdet einen ganzen Achtstundentag lang viel für mich tun müssen.« (S.7)

Auf den ersten Blick hat diese Szene durchaus Ähnlichkeit mit dem Erwachen Amy Sterns. Beide nehmen ihren Körper in Besitz, indem sie nacheinander Teil für Teil die nötige Beachtung schenken. Doch Vilma Link bringt durch die Betonung von Willen, Sinnhaftigeit und Ordnung sofort einen anderen Tonfall in diesen Ablauf. Ihr geht es nicht um Entdeckung, sondern um die täglich notwendige Bereitschaft, gegen den verschlafenen Körper das Steuer zu ergreifen. In dieser kurzen Passage verrät sie schon, daß sie keine Gelegenheit haben wird, auf den Körper zu hören, sondern daß sie ihn als künstlich präparierten Funktionsträger durch den Tag bringen wird. Ihr Aufwachen ist von der ersten Minute an zielgerichtet.

Nicht nur ihren eigenen Körper entlarvt sie in seiner für den Dienst nötigen Künstlichkeit, auch die Leute, die ihr begegnen, werden nur scheinbar in ihren Körpern beschrieben. Tatsächlich wird sich zeigen, daß sie Äußerlichkeiten, oberflächliche Ansichten beschreibt. Ich lese dies als Indiz für ihre Distanzierung, die Angst haben muß vor jedem Zu-nahe-kommen und daher den Blick nur auf Masken und Verkleidungen richtet.

Doch zunächst baut sie ihre eigene Maske auf. Das Badezimmer: »Dieser Raum soll einen vereinzelten, einsamen Körper schnell und reibungslos, mittels kurzer präziser Bewegungen und unter Verwendung der vorgeschriebenen hygienischen Apparaturen und Präparate in den Zustand versetzen, den man draußen von ihm erwartet.« (S.8)

Sie hat Angst vor dem Spiegel, der ihr Gesicht, ihr Morgengesicht, das nicht schön ist, zeigt. »Dieses Gesicht bringt nichts, wenn man es offen mit sich herumträgt. Es muß versteckt werden.« (S.9) Der Zwang dazu liegt in ihrem Gehalt. Ihr ist klar, daß sie nicht nur für ihre Arbeitsleistung, sondern auch für ihr Aussehen bezahlt wird. Das gibt der Firma das Recht und ihr die Pflicht, ihre Person, auf jeden Fall optisch, zum Verschwinden zu bringen.

Sowenig ihre Person Platz hat in ihrem öffentlichen Gesicht, sowenig hat sie auch Platz in ihrer Arbeit. »In den Blättern, die ich vollschreibe, bin ich nicht aufgehoben.« (S.12)

Dieser Satz erklärt viel von der alltäglichen Selbstverstümmelung im Büro: das System ist in sich schlüssig. Vilma Link selbst wird es mit der Art und Weise der Beobachtungen, die sie in diesem Rahmen macht, bestätigen.

Auf ihrem Weg zur Arbeit beobachtet sie im Vorübergehen Dinge und Menschen. Die erste ausführliche Beschreibung trifft zwei junge Arbeiterinnen.

»Ich meinte, ihre Gestalten zu einer einheitlichen, formlosen Masse zerfließen zu sehen: Über zu kurzen Röcken, aus denen die Beine mit billigen Schuhen hervorkamen, trugen sie diese um etwa zwanzig Zentimeter kürzeren Manteljacken, (...). Unter den Mänteln sicher knallige Pullover, Acryl, Helanca, gerippt, enganliegend, unter den Achseln wahrscheinlich Schweißgeruch. Warum ziehen sie solches Zeug an. Sagt ihnen denn niemand, wie sie aussehen. Wieso kaufen sie das. Diese formlose Gleichheit. Sehen sie das denn nicht.« (S.16)

Die Formlosigkeit und die wahrscheinliche Ungepflegtheit sind nahezu Verletzungen für Vilma Link. Sie greifen ihre eigene perfekte, gepflegte Erscheinung an. Die Kritik an den beiden Frauen wirkt wie Verteidigung. Die Formlosigkeit muß von ihr bemerkt werden, weil sie so viel Mühe darauf verwendet, nicht formlos zu sein. Letztlich braucht sie die Abwehr des Bildes, um ihr eigenes Aussehen akzeptieren zu können. Sie benützt die beiden, bemüht ihre Abscheu, um nicht schon auf dem Weg zur Arbeit unter ihrer Schönheit verloren zu gehen.

Die nächste detaillierte Beobachtung macht sie in der Straßenbahn:

»In Blickhöhe, etwa zehn Zentimeter vor meinen Augen, umgriff eine Männerhand die Haltestange. Ich konzentrierte mich auf diese Hand, sie war fleischig und groß. Auf den untersten Gliedern der Finger und auf dem Handrücken wucherte zwischen Sommersprossen rötliches Haar, die Adern auf dem Handrücken schimmerten bläulich konturlos durch das angespannte Fett, und die Fingernägel waren zurückgeschnitten oder abgefressen bis auf schmale Querbalken, über die sich Wülste von Fingerkuppenfleisch stülpten. Diese Nähe machte uns zu Feinden.« (S.19)

Wieder braucht Vilma Link ihren Ekel, um sich zu distanzieren, um sich abzugrenzen in einer überfüllten Straßenbahn, die ihr körperliche Nähe zu anderen Menschen aufzwingt. Ein künstlicher Körper wie der, den sie sich für ihren Arbeitstag zurechtgemacht hat, verträgt keine Nähe. Sie muß diffamieren, was sich so hartnäckkig aufdrängt. Und sie macht es, indem sie den Unterschied zu sich selbst betont, die Häßlichkeit, die Konturlosigkeit, das Fett. Vielleicht erinnert das Fett, das die verletzlichen Adern auf dem Handrücken verschwinden läßt, diese Panzerung eines fremden Körpers, an ihren eigenen, aus brüchiger Schminke, aus teurer Verkleidung bestehenden Panzer und macht ihr unbewußt Sorge um die Tauglichkeit ihrer Vorkehrungen.

Noch in der Straßenbahn begegnet sie einer Kollegin, Heide K.: »Sie war einen Kopf größer als ich, fast einsachtzig, adrett, sauber, toninton, ihre Beine so gerade wie ihr Kreuz, wenn sie vor ihrer Schreibmaschine saß. Und diese geraden Beine preßte sie beim Gehen so zusammen, daß immer ein kleines schabendes Geräusch entstand. (Sie hatte wohl Angst, daß irgendetwas zwischen diese geraden Beine geraten könnte, etwas Unsauberes, ein dreckiger Schwanz etwa.) Sie war nicht sehr beliebt in der Abteilung, ein reformkostgenährtes blutleeres Wesen, ...« (S.22)

Aus dieser Körperbeschreibung spricht der bloße Haß, und man kann kaum annehmen, daß dieser unscheinbare Körper diese Wucht der Gefühle tatsächlich erzeugt. Es erscheint eher wie eine Projektion von Vilma Links eigenem Haß auf ihren Körper, von dem sie doch wissen muß, daß andere ihn genauso beurteilen, wie sie ihre Kollegin. Sie reproduziert mit ihrer Art der Beobachtung und Beschreibung eindeutig die Verletzung des persönlichen Körpers, zu der sie sich selbst täglich verpflichtet fühlt.

Erst bei der Bescheibung einer Kollegin, die ihr angenehmer ist, läßt sie erkennen, daß sie auch eines liebevolleren Blicks auf andere Menschen und andere Körper fähig ist.

»Gudrun hatte einen kleinen, runden, schwarz behaarten Körper, den sie liebte und haßte zugleich: sie liebte seine Sinnlichkeit, aber sie haßte seine kugeligen Formen, weil diese sie zu ständigen Hungerkuren, immer neuen ausgeklügelten Diäten zwangen, die sie verabscheute, denn es gab nichts Schöneres für sie als Essen. Wenn sie nicht fastete, sondern ihrem Appetit freien Lauf ließ, dann ging sie auf wie ein Hefekloß, sagte sie. Und das konnte sie nicht ertragen. Sie war sich nicht egal, sie wollte hübsch sein, und das bedeutete für sie zähes Ringen mit sich um jedes Bröckchen Nahrung, ständiger Verzicht auf ihre größte Lust, das Essen. (...)

Sie lächelte mir zu, sprang vom Stuhl, strich sich mit liebevoller Bewegung über Taille und Hüfte und strahlte: ›Neunzig Gramm abgenommen, was sagen's jetzt, is dös nix! Boid hob i mei oids Gwicht wiada, aber dann, dann komm i nie wieder höher, das schwör i Eana, mei, wenn i dös nur schaff ...‹ Der Tag war für sie gerettet, ihr konnte heute nichts mehr passieren, sie würde arbeiten können wie ein Wiesel und alles andere würde auch bewältigt werden wie nix. Die neunzig Gramm weniger waren der Stachel, der sie heute zu Höchstleistungen bringen würde.« (S.31f.)

Gudrun ist ein Sonderfall, und vielleicht erhält sie deshalb freundlichere Beachtung. Die Beschreibungen der anderen Kollegen behandle ich nicht mehr, weil sie nicht besonders ausführlich sind und außerdem die gleiche Distanzierung wie gegenüber Heide K. bekunden.

Gudruns Arbeitskraft ist nicht so automatisch herzustellen, wie es Vilma Link in ihrem Badezimmer demonstriert hat. Sie braucht noch Motivation, den Beweis, daß sie nicht der einzige verletzliche Körper unter lauter Automaten ist. Diese Vorstellung wäre unerträglich. Sie muß zeigen, daß auch sie nach bestimmten Regeln zu funktionieren in der Lage ist. Nachdem sich ihr *Problem* nicht vor Betreten der Firma vertuschen läßt, ist es Gesprächsthema in der Kollegenrunde, das einzige (zumindest scheinbar) persönliche Thema. Weil sie von einer Selbstverständlichkeit abweicht, muß sie ihr Bemühen bereden.

Bemerkenswert ist, daß ihr dieser nicht normgerechte Körper offensichtlich das Recht gibt, eine eigene Sinnlichkeit auszustrahlen. Nicht unbedingt ist aber diese Situation positiv als Schutzraum in der unpersönlichen Abstraktheit des Arbeitsplatzes zu sehen, es ist auch der Zwang zu mehr, vielleicht ungewollter Ehrlichkeit, weil die Maskierung nie perfekt sein kann.

Männerkörper

Martin Walser: Ein fliehendes Pferd

In ihrem Urlaubsort am Bodensee treffen sich zwei Ehepaare: Helmut und Sabine Halm, Klaus und Hel Buch. Helmut und Klaus waren Schul- und Studienfreunde. Für Klaus ist diese Erinnerung wichtig und positiv besetzt, das zufällige Treffen erfüllt ihn mit Freude und totaler Aktivität. Helmut würde der Begegnung und der Erinnerung zunächst lieber aus dem Weg gehen. Erzählt wird aus Helmuts Position.

»Plötzlich drängte Sabine aus dem Strom der Promenierenden hinaus und ging auf ein Tischchen zu, an dem noch niemand saß. Helmut hatte das Gefühl, die Stühle des Cafés seien für ihn zu klein, aber Sabine saß schon.« (S.9)

Dieses Gefühl des Unpassenden, mit dem Helmut vorgestellt wird, hat für ihn zwei Seiten. Einerseits verstößt es ihn, quält es ihn, doch andererseits ermöglicht es ihm, mit seiner Umwelt auf einer Ebene von Täuschung und Betrug, die er liebt, zu spielen.

»Er kam sich in hellen Hosen komisch vor. Wenn er keine Jacke anhatte, sah man von ihm wahrscheinlich nichts als seinen Bauch. Nach acht Tagen würde ihm das egal sein. Am dritten Tag noch nicht. So wenig, wie die gräßlich gerötete Haut. Nach acht Tagen würden Sabine und er auch braun sein. Bei Sabine hatte die Sonne bis jetzt noch nichts bewirkt als eine Aufdünstung jedes Fältchens, jeder nicht ganz makellosen Hautstelle. Sabine sah grotesk aus. (...) Er hätte zittern können vor Empörung! Er hier auf dem zu kleinen Stuhl, Leute anstierend, während er in der Ferienwohnung ...« (S.10f.)

Helmut fühlt sich bloßgestellt, exponiert auf der Promenade, ein Gefühl, das ihn wütend macht. Sein Körper paßt einfach nicht an diesen Ort. Aber es ist auch sein Körper, der es ihm erlaubt, sich hier bildlich unwohl zu fühlen, auch wenn andere Dinge dahinter stecken: eine Enttäuschung über sein Leben, über die Form, die es angenommen hat. Erst in einer zugespitzten Situation wird er diesen Ärger an der Form seines Körpers festmachen.

Doch die andere Seite dieses Gefühls des Unpassenden ist durchaus in Helmuts Sinn: »Egal, was die Umwelt über ihn und Sabine dachte, es sollte falsch sein. Sobald es ihm gelang, Fehlschlüsse zu befördern, fühlte er sich wohl. Inkognito war seine Lieblingsvorstellung.« (S.12)

Helmuts Ideal ist offensichtlich die Distanzierung. Doch er erreicht sie nicht, wie z.B. Vilma Link, durch das Verstecken des Körpers hinter einer Maske, sondern es ist sein Körper selbst, mit dem er sich gegen die Erkennbarkeit zur Wehr setzen will. Vertrauenswürdig ist für Helmut, wer das gleiche Spiel spielt, ohne den Vorspiegelungen zu glauben und ohne nach einer Wahrheit zu fragen. Zum Beispiel der Vermieter der Ferienwohnung: »Er und dieser Dr. Zürn gingen als zwei ebenbürtige Geheimnisse aneinander vorbei. Zu Sabine hatte er schon gesagt, dieser Dr. Zürn sei ihm sympathischer als alle anderen Menschen. Sahen sie einander nicht sogar ähnlich? runder Rücken, runder Bauch. Und schwer.« (S.15)

Und dann bricht auf einmal Klaus Buch, sein ehemaliger Schulfreund, in die geruhsame Behäbigkeit. »Plötzlich stand ein zierlicher junger Mann vor ihrem Tisch. In Blue Jeans. Ein blaues Hemd, das offen war bis zu dem ungefärbten Gürtel, in den Zeichen eingebrannt waren. Und neben dem ein Mädchen, das durch die Jeansnaht in zwei deutlich sichtbare Hälften geteilt wurde. Wie sie, wohin man schaute, geländehaft rund und sanft war, war er überall senkrecht, durchtrainiert, überflußlos.« (S.19)

Die körperliche Beschreibung der beiden *Kontrahenten* ist sofort beim ersten Auftritt nötig, weil sie ein Maß für die Distanz ist, die zwischen ihnen liegt, und um deren Verringerung oder Aufrechterhaltung sie fortwährend kämpfen werden. Diese Körperbilder symbolisieren den größtmöglichen Abstand von Anfang an, sie sind der hochspezialisierte Ausdruck von grundverschiedenen Lebensführungen und -zielen.

Klaus treibt Helmut erbarmungslos in immer neue Gespräche über angeblich gemeinsame Erinnerungen. Nur mit Widerwillen und äußerst zögernd steigt Helmut darauf ein. »Jeder Gedanke an Gewesenes machte ihn schwer. Er empfand eine Art Ekel, wenn er daran dachte, mit wie viel Vergangenheit er schon angefüllt war. Deckel drauf. Zulassen. Bloß keinen Sauerstoff drankommen lassen. Anders Klaus Buch.« (S.27)

Helmut trägt in sich, was seine Vergangenheit ausgemacht hat. In Klaus hat solche körperliche Erinnerung keinen Platz. Er, der ständig darauf bedacht ist, sämtliche Spuren an seinem Körper zu beseitigen, der mit sechsundvierzig Jahren so aussieht, daß Helmut ihn auf den ersten Blick für einen ehemaligen Schüler hält, der das unverminderte Fortdauern von Kraft und Jugendlichkeit zu seiner Lebensmaxime gemacht hat, kann Erfahrungen und Erinnerungen nicht in seinem Körper aufbewahren. Er muß sie redend wiederbeleben. Sie müssen auch genauso wiedererstehen, wie sie damals angeblich waren. Glanz und Spannung dürfen nicht verblichen sein, abgerundet, wie in Helmuts Körperspeicher. Klaus ist fanatisch unbeirrbar in seiner Begeisterung, die Vergangenheit erzählend wiederzugewinnen, und verwirrt die körperliche Sicherheit, in der Helmut bisher aufgehoben war. »Helmut spürte einen brennenden Neid. Er hatte praktisch nicht gelebt. Es war nichts übrig geblieben.« (S.28)

Er beginnt, mit dieser akribischen Aufzählung von Ereignissen zu liebäugeln. Seine abgelagerte Ruhe hat nichts Gemütliches mehr für ihn, er empfindet nur mehr den Mangel an Begeisterungsfähigkeit.

Ein einziges Mal läßt Klaus sich ein bißchen hinter die Fassade schauen: »Wenn ich zu etwas Lust hätte, dann wäre es ein Schwindel, der Hand und Fuß hat, der es gewissermaßen zu wirklichem Leben bringt.« (S.46) Doch auch diese kleine Offenbarung ist eingebettet in so viele überschäumende Großartigkeit, daß Helmut sie kaum erkennen kann. Die Fiktion vom «wirklichen Leben« hat sich schon unbemerkt in ihm festgesetzt.

Helmuts eigenes Wunschbild kristallisiert sich immer mehr in Gegnerschaft zu Klaus heraus. Vor der Bedrohung durch Klaus' Bestehen auf übermäßiger Lebendigkeit flieht Helmut in die Empfindung von Mitleid. Er empfindet Mitleid für ihn, er glaubt die Zwänge, in denen Klaus steckt, zu durchschauen.

Sein Ideal sieht ganz anders aus: »Er hatte den Zustand, in den er dann gelangte, schon getauft: blutige Trägheit. Das war seine Lieblingsstimmung. Da empfand er seine ganze Schwere, aber mit Zustimmung. Schwer und schwitzend und blaß. Auch die Farbe empfand er mit Zustimmung. Er, eine schwere, schwitzende Leiche, das war sein Lieblingsstimmung, blutige Trägheit.« (S.70)

Doch der Höhepunkt der Konfrontation steht noch aus, der Moment, an dem Helmut wirklich gezwungen wird zu erkennen, was hinter dem steckt, womit Klaus ihn seit Tagen quält, der Moment, an dem Helmut das Bedürfnis kennenlernt, seinen Körper gegen seine Gedanken aufzuhetzen, statt sie zu verschlingen.

Bei einem Segelausflug geraten die beiden Männer in ein Unwetter. Klaus' Leichtsinn und Helmuts Angst treiben sie in ein Handgemenge, bei dem Klaus vom Boot stürzt. Helmut muß annehmen, daß Klaus in dem Unwetter umgekommen ist.

» ...gib zu, du wirst nicht fertig damit, dein Gedächtnis bedient dich wie noch nie, von Schädelstätte keine Spur, drastisch sozusagen, du hast eben gelebt in diesem Augenblick, du bist aus dir herausgegangen, Ha-Ha, eine Sekunde lang hast du den Schein nicht geschafft, an dieser Sekunde klebst du jetzt, wirst du kleben, wenn sich der Riß dieser Sekunde nicht mehr schließen läßt. Er stand auf, rannte hinaus und sagte, er möchte mit Sabine einen Waldlauf machen.« (S.129)

In Windeseile kaufen sie Trainingsanzüge, Turnschuhe, Turnhosen, Turnhemden, kaufen auch Fahrräder, alles Symbole der Lebensweise, die ihnen Klaus und Hel so penetrant vorgeführt haben, und gegen die sich Helmut noch bis vor wenigen Stunden hartnäckig gewehrt hat. Auf einmal muß Helmut seinen Körper zwingen, martern, einsetzen gegen seine Erinnerung, die zum aggressiven Feind wird, nicht zum totgeschwiegenen, ignorierten wie bisher. Helmut spürt, daß er seinen Körper aggressiv machen muß, um dieser Herausforderung begegnen zu können. Der eine Augenblick Leben, der sich so grundlegend von den vorangegangenen Jahren unterscheidet, macht ihm seinen Körper, der von diesen Jahren zeugt, suspekt.

Doch es bleibt bei der einmal aufgetretenen Panik, es bleibt beim Kauf der Sportgeräte. Sie werden nicht mehr benützt, denn Klaus

Buch taucht wieder auf. Das macht Helmut frei für eine Flucht auf seine Weise. Er und Sabine setzen ihre schweren Körper in den Zug und lassen die Bahn die Distanz zu dem Vorgefallenen herstellen.

Beide dargestellten Körperbilder illustrieren die Unmöglichkeit, mit dem Körper befriedigend zu leben. Beide benutzen ihn, um sich gegen die Bedrohung durch ihr Alter, ihre Erinnerungen, ihre Wünsche, ihre Fehler, ihre offenen Fragen abzuschirmen. Klaus schlägt bei jedem Tennisspiel die Fragen in den Wind, läuft seinen Erfahrungen davon, segelt wild vor seinem Alter her. Helmut verschlingt alles, was den reinen Tisch bedeckt, er speichert es gut, in seinem Körper bringt er alle Stimmen zum Verstummen.

Beide Taktiken sind ein Leben lang eingeübt und funktionieren, solange niemand sie in Frage stellt. Wenn dies passiert, besteht Lebensgefahr. Der Dammbruch würde alles mit sich reißen, und ein Aufwachen, einen kritischen Neubeginn unumgänglich machen.

Gerade noch schafft Helmut das Beharren. Er bringt seinen Körper in eine Situation, die ihn bestätigt. Er sitzt im Zug, sitzt schwer, bewegungslos, legt einen Weg zurück, der ihn nicht berührt. Sein Körper bewahrt mit Gleichmut alles auf, damit er vergessen kann.

Der dicke Körper wird noch gebraucht

Dicksein ist ein Phänomen unserer Gesellschaft. Es ist nicht automatisch ein *Problem*, es ist eine körperliche Ausdrucksmöglichkeit. Durch die Zuordnungen, Bedeutungszuschreibungen, die es als Zeichen sozialer Stigmatisierung gebrauchen, wird sein negativer Charakter festgelegt, wird es zum Problem. Dieses Problem ist also individuell weder zu erklären, noch zu lösen. Der Ansatzpunkt muß eine Analyse der sozialen Strukturen und Mechanismen sein, der Machtverteilung, der Funktionen, die die Gesellschaft zu besetzen hat, die Analyse ihrer Ideale und Ideologien.

Alle charakteristischen Merkmale der Gesellschaft finden wir im Umgang mit unseren Körpern wieder. Die Realität von Machtausübung, Gewalt, Ungleichheit führen uns unsere Körper vor Augen, die rücksichtslose Ausbeutung durch ein übersteigertes Leistungsethos ist ihnen anzusehen, Illusionen und Lügen sprechen aus unseren Bewegungen, die Ambivalenzen und Widersprüche der Gesellschaft spiegeln sich in dem körperlichen Gestaltungsspektrum, das uns zur Verfügung steht. Die Gesellschaft braucht die verschiedensten Körper, um ihre Fragen und Probleme materialisieren und darstellen zu können. Dicksein ist da nur ein Ausschnitt der sozialen Körpermöglichkeiten. Es drängt sich in den Vordergrund, ist so auffällig, weil es der Visualität unserer Lebenszusammenhänge ideale Ansatzpunkte liefert, aber es ist nicht das Bild eines individuellen Problems! Die Dicken tragen nur mit ihrem Körper einen gesellschaftlichen Konflikt aus.

Die Dicken, die auf der Straße auffallen, sind nur eine sichtbare Minderheit derjenigen, die unter und mit ihrem Körper leiden. Und die, die unter ihrem Körper leiden, sind nicht krank oder unfähig, sondern verkörpern nur sozial schwache Positionen. Das

Problem mit den Körpern, mit den dicken Körpern, hat die gesamte Gesellschaft: Es ist die Frage des Umgangs mit Individualität, mit Stärke und Schwäche, mit Andersartigkeit, Emotionalität und Sexualität, mit Weiblichem und Männlichem, eine Frage von Nähe und Distanz, Herrschaft und Unterdrückung, Auflehnung und Unterwerfung. Es sind politische Fragen, die sich in unseren Körpern manifestieren. Die umstürzlerischen Potentiale, die sie zeigen, sind gefährlich. Jede Diätanweisung ist als Zeichen der Angst vor diesen Möglichkeiten der Körper zu lesen. Mit welcher Mühe, welchem Aufwand, mit welcher Fülle von Verlockungen wird doch versucht, alle Körper auf die handhabbare, beherrschbare Norm zurechtzustutzen! Jeder unreflektierte Diätversuch ist ein Akt der Entpolitisierung, eine Unterwerfung unter Wertmaßstäbe, die das Leben einfacher, pragmatischer, aber ärmer machen.

Niemand braucht sich von herkömmlichen Diätanleitungen Hilfe zu erwarten.

Sie wirken nicht einmal in dem Sinn, daß ihr Opfer dünner, schlanker, leichter wird. Rückfälle sind der Normalfall. Diät ist keine sinnvolle Therapie für ein Problem, das sich im Körper äußert, sondern ein sinnloses, vereinfachendes, unselbständig machendes Lebensmuster, das vor den eigenen Kräften flieht. Die Reduktion der körperlichen Auseinandersetzung aufs bloße Kalorienzählen ist nicht länger aufrechtzuerhalten!

Dieser Trend ist sogar auf dem traditionellen Diätmarkt der Frauenzeitschriften zu beobachten. Auch in dieser Öffentlichkeit ist das Körperbild komplexer geworden. Es scheint nicht mehr so einfach zu sein, den »krankhaften Auswuchs Fett« vom Körper, den dicken Körper aus der Normalität, den Körper aus der Gesellschaft zu lösen. Es scheint nicht mehr vertretbar zu sein, allein wegen Kilos, Zentimetern und Hosengrößen seinen Körper zu bekämpfen und zu entmündigen, bevor man ihn nicht versteht, ihn nicht als Schlüssel zu sozialen Fragestellungen begreift.

Doch euphorisch stimmt mich diese Entwicklung nicht.

Das Spektrum von Body-building bis zu verschiedensten Körper- und Psychotherapien als Grundlagen der Lebensführung zwingt zur Skepsis. Die Pflichten der Wahrnehmung und Verantwortlichkeit, die wir dem Körper auferlegen, sind noch lange nicht am Limit angelangt. Das technisierte Management des Körpers steckt noch in den Kinderschuhen. Aber solange wir die Illusion von Beherrschbarkeit und Verfügbarkeit des Körpers lieben, solange wir seine Sprache nicht als solche verstehen und akzeptieren können, sondern sie als Hinweis auf den Idealzustand und die notwendigen Schritte dahin interpetieren, solange sind wir dem Perfektionismus ausgeliefert, der den Körper langsam erwürgt. Die Komplexität des Körperbildes gibt ihm nicht automatisch mehr soziale Realität und Bedeutung, nicht mehr Möglichkeiten zu Selbstbestimmung und individuellem Ausdruck, sondern verschärft erst einmal seine Lebensbedingungen.

Mein Pessimismus ist massiv, aber nicht lückenlos. Der Körper hat ungezählte Möglichkeiten sich auszudrücken, sich wohlzufühlen, sich zu wehren, wie historische, ethnologische und soziologische Vergleiche ohne Mühe beweisen.

Und: Der Körper wird nicht in seiner Normgestalt, sondern gerade in seiner individuellen Ausformung und eigenen Gestalt gebraucht, um sozial handlungsfähig zu sein, um Kommunikationsmittel sein zu können. Bevor wir also nicht gewillt und in der Lage sind, die Wünsche und Fragen, die Antworten und den Protest des Körpers anders, kompetenter, wirksamer, bewußter auszudrücken, wird der Körper auf seinem Recht, seiner Möglichkeit, auf seinem Gewicht beharren.

Unsere Gesellschaft macht es einem nicht leicht, offen mit Ängsten und Wünschen, mit Forderungen und Wut umzugehen, sie wird den dicken Körper noch lange brauchen.

Literaturverzeichnis

Aliabadi, Christiane/Daub, Margarethe. »Freß-Sucht.« In: *emma* 1984, S.58-63

Aliabadi, Christiane/Lehnig, Wolfgang. *Wenn Essen zur Sucht wird. Ursachen, Erscheinungsformen und Therapie von Eßstörungen.* München 1982

Arz, Astrid/ Kloos, Barbara-Maria. *Mund auf, Augen zu. Essen zwischen Lust und Sucht.* Reinbek b. Hamburg 1983

Bachmann, Ingeborg. *Der Fall Franza. Requiem für Fanny Goldmann.* München 1985

Bachtin, Michail. »Die groteske Gestalt des Leibes.« In: *Oper Frankfurt am Theaterplatz, Programmheft der Spielzeit 1984/85, Guiseppe Verdi. Falstaff,* S.9-13

Bastiaans, Jan. »Psychiatrische Bemerkungen zu Problemen der Fettsucht und Magersucht.« In: *Psyche. Eine Zeitschrift für psychologische und medizinische Menschenkunde,* Bd.10, 1963, S.621-630

Battegay, Raymond. *Die Hungerkrankheiten. Unersättlichkeit als krankhaftes Phänomen.* Bern/Stuttgart/Wien 1982

Baudrillard, Jean. »Der schönste Konsumgegenstand: Der Körper.« In: Gehrke 1981, S.93-128

Baudrillard, Jean. »Vom zeremoniellen zum geklonten Körper: Der Einbruch des Obszönen.« In: Kamper/Wulf 1982, S.350-362

Bayr, Rudolf. »Er im Ich.« In: Jung 1985, S.18-20

Bernard, Michel. *Der menschliche Körper und seine gesellschaftliche Bedeutung. Phänomen Phantasma Mythos.* Bad Homburg v.d.H. 1980

Bick, Martina. »Mich gibt's nicht oder: Wider die Eindeutigkeit.« In: Bick, Martina (Hg.). *Warum sollen wir Dicken uns dünner machen?* Reinbek b. Hamburg 1980, S. 83

Bick, Martina. *»Versagen«.* In: Bick (Hg.) 1980, S. 22

Boltanski, Luc. »Die soziale Verwendung des Körpers.« In: Kamper/Wulf 1982, S.138-177
Bruch, Hilde. *Der goldene Käfig. Das Rätsel der Magersucht.* Frankfurt am Main 1982
Bruder-Bezzel, Almuth. »Die Zurichtung der Frau geht über den Körper. Frauenästhetik und Subkultur.« In: *Schock und Schöpfung* 1986, S.139-142
Brus, Günter. »Mein Körper, dramatisierter Auszug aus einem Elementarereignis.« In: Jung 1985, S.23-37
Buchanan, Caroline/Sedgbeer, Sandra. *Dick ist sexy. Das Anti-Diät-Buch.* Berlin/Frankfurt am Main/Wien 1985
Daub, Margarethe/Lehnig, Wolfgang/Merfert-Diete, Christa. »Essen ist das Suchtmittel der Braven.« In: *psychologie heute* 1985, S.86-89
De Ridder, Martina. »Der Körper als Ware. Über die weibliche Lustlosigkeit an der männlichen Lust.« In: Petzold 1985, S.313-322
Ernährungsbericht 1972. Hg.: Deutsche Gesellschaft für Ernährung e.V., Frankfurt am Main 1972
Ernährungsbericht 1976. Hg.: Deutsche Gesellschaft für Ernährung e.V., Frankfurt am Main 1976
Ernährungsbericht 1980. Hg.: Deutsche Gesellschaft für Ernährung e.V., Frankfurt am Main 1980
Ernährungsbericht 1984. Hg.: Deutsche Gesellschaft für Ernährung e.V., Frankfurt am Main 1984
Douglas, Mary. *Ritual, Tabu und Körpersymbolik. Sozialanthropologische Studien in Industriegesellschaft und Stammeskultur.* Frankfurt am Main 1981
Einziger, Erwin. »Im Jahr des Büffels: Ein Henderl, das eigentlich ein Stier ist, gibt Körperauskünfte.« In: Jung 1985, S.46-53
emma. Durch dick und dünn. Sonderband 4, 1984/85, Köln 1984
Erlenberger, Maria. *Der Hunger nach Wahnsinn. Ein Bericht.* Reinbek b. Hamburg 1984
Field, David. »Der Körper als Träger des Selbst. Bemerkungen zur sozialen Bedeutung des Körpers.« In: *Materialien zur Soziologie des Alltags. Kölner Zeitschrift für Soziologie und Sozialpsychologie,* Sonderheft 20, 1978, S. 244-264
Franzen, Günter. »Leib und Magen.« In: Ziehe/Knödler-Bunte 1984, S.26-35

Freyberger, H./Strube, K. »Psychosomatische Aspekte der Fettsucht.« In: *Psyche. Eine Zeitschrift für psychologische und medizinische Menschenkunde,* Bd.10, 1963, S. 561-577
Frischmuth, Barbara. *Die Mystifikationen der Sophie Silber*. Salzburg 1976
Frischmuth, Barbara. *Amy oder die Metamorphose.* Salzburg 1978
Frischmuth, Barbara. *Kai oder Die Liebe zu den Modellen.* Salzburg 1979
Frischmuth, Barbara. »Schwierigkeiten mit ›meinem Körper‹.« In: Jung 1985, S.79-83
Gebauer, Gunter. »Ausdruck und Einbildung. Zur symbolischen Funktion des Körpers.« In: Kamper/Wulf 1982, S.313-329
Gehrke, Claudia (Hg.). *Ich habe einen Körper.* München 1981
Gruber, Reinhard P. »Mein Körper, das Ferkel.« In: Jung 1985, S.86-90
Havekamp, Katharina. *...und Liebe eimerweise.* München 1983
Hedderich, G./ Weidlich, S. »Das nichtbewußte Eigenurteil adipöser Patienten.« In: *Deutsche medizinische Wochenschrift,* H.18, 1972, S.784-789
Heide, Manfred. *Leibesumfang = Lebensgrenze. Ist unsere Gesundheit gefährdet?* Stuttgart 1970
Hoffmann, Dieter. *Leibes-Übung. Ein Streitbuch über die neuen Moden in der Körperkultur.* Darmstadt/Neuwied 1984
Imhof, Arthur E. (Hg.). *Der Mensch und sein Körper.* Von der *Antike bis heute.* München 1983
Jeggle, Utz. »Im Schatten des Körpers. Vorüberlegungen zu einer Volkskunde der Körperlichkeit.« In: *Zeitschrift für Volkskunde, 76, 1980, S.169-188*
Jeggle, Utz. *Der Kopf des Körpers. Eine volkskundliche Anatomie.* Weinheim/Berlin 1986
Jung, Jochen (Hg.). *Mein Körper. Literaturalmanach 1985*, Salzburg/Wien 1985
Kamper, Dietmar/Rittner, Volker (Hg.) *Zur Geschichte des Körpers.* München/Wien 1985
Kamper, Dietmar/Wulf, Christoph (Hg.). *Die Wiederkehr des Körpers.* Frankfurt am Main 1982
Kamper, Dietmar/Wulf, Christoph. »Die Parabel der Wiederkehr. Zur Einführung.« In: Kamper/Wulf 1982, S.9-21

Kamper, Dietmar/Wulf, Christoph (Hg.). *Das Schwinden der Sinne.* Frankfurt am Main 1984
Kempff, Diana. *Fettfleck.* Reinbek b. Hamburg 1981
Kirschner, Chr. »Fettsucht als Verhaltensstörung.« In: *Zeitschrift für angewandte Bäder- und Klimaheilkunde,* Bd.25, 1978, Nr.1, S.59-67
Kolleritsch, Alfred. »Das Vorfeld der Welt.« In: Jung 1985, S.104-109
Kompa, Ain. *Gesundheitspolitik und Wohlstandskrankheiten. Tabak, Alkohol, Ernährung und Bewegung – Problemfelder ungesunder Lebensformen.* München 1982
Kretzen, Friederike. »Gegen die Geschichte der Repräsentation.« In: Gehrke 1981, S.28-34
Kruse, Lenelis/Graumann, Carl F. »Sozialpsychologie des Raumes und der Bewegung.« In: *Materialien zur Soziologie des Alltags. Kölner Zeitschrift für Soziologie und Sozialpsychologie,* Sonderhaft 20, 1978, S.177-217
Kursbuch 82. Die Therapiegesellschaft. Berlin 1985
Langsdorff, Maja. *Die heimliche Sucht, unheimlich zu essen.* Frankfurt am Main 1985
Link, Vilma. *Vorzimmer.* Reinbek b. Hamburg 1979
Linn, Robert/Stuart, Sandra Lee. *Für immer schlank. Diät ohne zu hungern.* Berlin/Frankfurt am Main/Wien 1977
Lowen, Alexander. *Lust. Der Weg zum kreativen Leben.* München 1983
Lowen, Alexander. »Der Ausbruch aus dem Körperpanzer.« In: *psychologie heute* 1985, S.22-30
Mader, Petra. *Gestörtes Eßverhalten.* Hamburg 1984
Marcel, Gabriel. »Leibliche Begegnungen. Notizen aus einem gemeinsamen Gedankengang, bearbeitet von Hans A. Fischer-Barnicaol.« In: Petzold 1985, S.15-46
Mattenklott, Gert. »Geschmackssachen. Über den Zusammenhang von sinnlicher und geistiger Ernährung.« In: Kamper/Wulf 1984, S.179-190
Menell, Stephen. »Über die Zivilisierung der Eßlust.« In: *Zeitschrift für Soziologie,* Jg.15, H.6, 1986, S.406-421
Merfert-Diete, Christa/Soltau, Roswitha (Hg.). *Frauen und Sucht Die alltägliche Verstrickung in Abhängigkeit.* Reinbek b. Hamburg 1984

Mitscherlich, Margarete. *Die friedfertige Frau. Eine psychoanalytische Untersuchung zur Aggression der Geschlechter.* Frankfurt am Main 1985
Moron, Jaques. *dick & dünn.* Reinbek b. Hamburg 1982
Mrazek, Joachim. »Die Verkörperung des Selbst. Ergebnisse einer psychologie heute-Umfrage.« In: *psychologie heute*, 1985, S.40-49
Neuloh, Otto/Teuteberg, Hans-Jürgen. *Ernährungsfehlverhalten im Wohlstand. Ergebnisse einer empirisch-soziologischen Untersuchung in heutigen Familienhaushalten.* Paderborn 1979
Nöstlinger, Christine. *Gretchen Sackmeier. Eine Familiengeschichte.* Hamburg 1981
Orbach, Susie. »Unsere Körper sind die Zielscheibe.« In: *emma* 1984, S.86-87
Orbach, Susie. *Anti-Diätbuch. Über die Psychologie der Dickleibigkeit, die Ursachen von Eßsucht.* München 1984
Orbach, Susie. *Anti-Diätbuch II. Eine praktische Anleitung zur Überwindung von Eßsucht.* München 1985
Petzold, Hilarion (Hg.). *Leiblichkeit. Philosophische, gesellschaftliche und therapeutische Perspektiven.* Paderborn 1985
Pflanz, Manfred. »Medizinisch-soziologische Aspekte der Fettsucht.« In: *Psyche. Eine Zeitschrift für psychologische und medizinische Menschenkunde,* Bd.10. 1963, S.579-587
psychologie heute-Redaktion (Hg.). *Die Körper, die wir sind: mit Leib und Seele leben.* Weinheim/Basel 1985
Pudel, Volker. *Zur Psychogenese und Therapie der Adipositas. Untersuchungen zum menschlichen Appetitverhalten.* Berlin/Heidelberg/New York 1978
Pudel, Volker. *Praxis der Ernährungsberatung.* Berlin/Heidelberg/New York/Tokio 1985
Raulff, Ulrich. »Chemie des Ekels und des Genusses.« In: Kamper/Wulf 1982, S.241-258
Scharfe, Martin. »Die groben Unterschiede. Not und Sinnesorganisation: Zur historisch-gesellschaftlichen Relativität des Genießens beim Essen.« In: Jeggle, Utz u.a.(Hg.): *Tübinger Beiträge zur Volkskultur,* Tübingen 1986, S.13-28
Schock und Schöpfung, Jugendästhetik im 20.Jahrhundert. Hg.: Deutscher Werkbund e.V. und Württembergischer Kunstverein, Stuttgart/Darmstadt/Neuwied 1986

Schönberger, Margit/ Höhne, Anita. *Wir sind rund - na und? Ein Plädoyer für die mollige Frau.* München 1981
Schwarzer, Alice. »Dünne machen!« In: *emma* 1984, S.6-9
Sloterdijk, Peter. *Der Zauberbaum. Die Entstehung der Psychoanalyse im Jahr 1785. Epischer Versuch zur Philosophie der Psychologie.* Frankfurt am Main 1985
Soltau, Roswitha. »Die frauenspezifische Abhängigkeit von Suchtmitteln.« In: Merfert-Diete/Soltau 1984, S.12-22
Stein-Hilbers, Marlene. »Drogen im weiblichen Lebenszusammenhang.« In: Merfert-Diete/Soltau 1984, S.40-49
Tobiasch, V. *Übergewicht. Was tun?* Stuttgart 1974
Tolkien, John Ronald R. *Der kleine Hobbit.* München 1974
Török, M. »Läßt sich Übergewicht mit Hilfe von Größe und Gewicht bestimmen?« In: *Lebensversicherungsmedizin.* Jg. 24., 1972, H.1, S.6-11
Walser, Martin. *Ein fliehendes Pferd.* Frankfurt am Main 1980
Wander, Maxie. *Guten Morgen, du Schöne. Frauen in der DDR. Protokolle.* Darmstadt/Neuwied 1985
Wimmer, Michael. »Der gesprochene Körper. Zur Authentizität von Körpererfahrungen in Körpertherapien.« In: Kamper/Wulf 1982, S.82-96
Wulf, Christoph. »Das gefährdete Auge. Ein Kaleisdoskop der Geschichte des Sehens.« In: Kamper/Wulf 1984, S.21-45
Ziehe, Thomas/Knödler-Bunte, Eberhard (Hg.). *Der sexuelle Körper. Ausgeträumt?* Berlin 1984
Ziehe, Thomas. »Jugendlichkeit und Körperbilder.« In: *Schock und Schöpfung* 1986, S.16-20
zur Lippe, Rudolf. »Am eigenen Leibe.« In: Kamper/Wulf 1982, S.25-39
zur Lippe, Rudolf. »Der Sinn der Sinne. ›Der Körper‹ – eine Fiktion.« In: Kamper/Wulf 1984, S.298-316
zur Nieden, Sabine. »Was ist zu fett?« In: *emma* 1984, S.68-70

wissen & praxis

Peter Spengler
Rockmusik und Jugend
Bedeutung und Funktion einer Musikkultur für die Identitätssuche im Jugendalter

Helmut Hildebrandt
Lust am Leben
Gesundheitsförderung mit Jugendlichen. Ein Ideen- und Aktionsbuch für die Jugendarbeit

G. Landenberger / R. Trost
Lebenserfahrungen im Erziehungsheim
Identität und Kultur im institutionellen Alltag

Erhard Wedekind
Beziehungsarbeit
Zur Sozialpsychologie pädagogischer und therapeutischer Institutionen

Manfred Berger
Sexualerziehung im Kindergarten

J. Althaus u. a.
Kindergarten
Zur Entwicklung der Vorschulerziehung

Thomas Stocker
Die Kreativität und das Schöpferische
Leitbegriffe zweier pädagogischer Reformperioden

Ingrid Hentschel
Kindertheater
Die Kunst des Spiels zwischen Phantasie und Realität

Gerd Koch
Lernen mit Bert Brecht
Bertolt Brechts politisch-kulturelle Pädagogik

Dorothee Prewo
Und immer lockt das Spiel
Grenzüberschreitungen in Theater, Politik und Alltag

Ursula Wagner
Blicke auf den dicken Körper
Gegen die Unterwerfung unter die Schönheitsnorm

Ilka Lenz
Wenn Frauen alt werden

Hans-Jürgen Fuchs
Das glückliche Bewußtsein und die Krise
Ausländerfeindlichkeit in der Bundesrepublik

Dorothea Schmidt
Indianer als Heilsbringer
Ein neues Klischee in der deutschsprachigen Literatur?

Stephanie Horn
Abschied vom Kollektiv
Der Frankfurter PflasterStrand

Isolde Demele
Abstraktes Denken und Entwicklung
Der unvermeidliche Bruch mit der Tradition

Marion Baumgart
Wie Frauen Frauen sehen
Westliche Forscherinnen bei arabischen Frauen

Bitte Gesamtverzeichnis anfordern

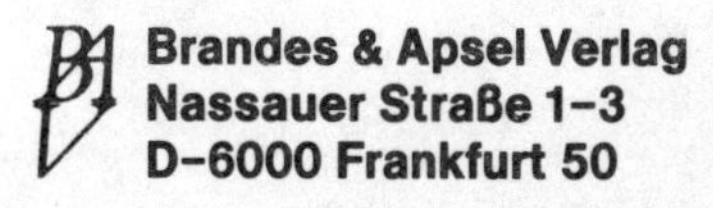

Fe Reichelt

Ausdruckstanz und Tanztherapie

Theoretische Grundlagen und ein Modellversuch

3. Aufl., 136 Seiten, ISBN 3-925798-29-3

Ausdruckstanz und Tanztherapie – zwei Begriffe, die verschiedenen Jahrzehnten entstammen, werden von Fe Reichelt in Beziehung zueinander gesetzt.
Aber Fe Reichelt setzt sich nicht nur mit den theoretischen Grundlagen des Ausdruckstanzes und der Tanztherapie auseinander. Sie beschreibt die Umsetzung dieser Erkenntnisse in der intensiven Arbeit mit einer Gruppe.
Dieses Buch gibt denen Anregungen, die selbst im tanzgestalterischen Prozeß stehen und sich mit dieser Erfahrung auseinandersetzen wollen. Nicht weniger wichtig aber ist das Buch für die, die beruflich im pädagogischen Bereich therapeutisch zu tun haben.
Fe Reichelt, Mary-Wigman-Meisterschülerin, arbeitet seit vielen Jahren als Tanzpädagogin auf der Grundlage des Ausdruckstanzes. Gründerin der *Tanz- und Theaterwerkstatt* in Frankfurt

Brandes & Apsel Verlag · Nassauer Straße 1–3 · D–6000 Frankfurt 50